_____ 드림

조물조물
뚝딱뚝딱
생활
놀이

초판 1쇄 인쇄 2014년 2월 3일
초판 1쇄 발행 2014년 2월 10일

지은이 김주연

발행인 장상진
발행처 경향미디어
등록번호 제313-2002-477호
등록일자 2002년 1월 31일

주소 서울시 영등포구 양평동 2가 37-1번지 동아프라임밸리 507-508호
전화 1644-5613 | **팩스** 02) 304-5613

ⓒ 김주연

ISBN 978-89-6518-092-0 13370

· 값은 표지에 있습니다.
· 파본은 구입하신 서점에서 바꿔드립니다.

경향에듀는 경향미디어의 자녀교육 전문 브랜드입니다.

조물조물 뚝딱뚝딱 생활놀이

김주연 지음 이향숙 감수

경향에듀

| 감수의 글 |

이 책에서 소개하는 놀이로 아이들의 정서적 안정감을 형성할 수 있도록 하자!

요즘 아이들을 보면 걱정이 된다. 친구들과 놀이터에서 뛰어놀아야 될 시기에 유치원에서 돌아오면 학원에 가거나 텔레비전을 보거나 컴퓨터게임 등을 하며 하루를 보내는데, 그러다가 인격이 형성되고 감성이 자라나는 중요한 시기에 필요한 여러 정서적 경험을 할 기회를 놓치는 것 같아 안타깝다. 아이의 발달을 위해 엄마, 아빠가 잠깐이라도 짬을 내서 놀아준다면 아이는 그 어떤 교육보다도 값진 경험을 할 수 있다.

아직 초등학교에 들어가지 않은 유아기의 자녀를 키우는 부모들은 아이들과 어떻게 놀아줘야 하는지 고민한다. 초등학교에 들어가기 전에 정서적, 신체적으로 발달시켜서 올바른 기초를 잡아 놓아야 앞으로 아이가 학교생활에 적응하는 데 무리가 없다고 생각하기 때문에 부모들은 아이들의 교육과 놀이에 더더욱 관심을 기울인다. 보통 부모들은 놀이와 학습을 따로 분리해서 생각하는데 아이들은 놀면서 세상을 배워나가기 때문에 아이들에게 놀이는 중요하다.

또한 아이들의 노는 모습을 보게 된다면 무엇을 알고 있는지, 아이가 놀이를 통해 무엇을 배웠는지 관찰할 수 있기 때문에 아이에 대해 더 많은 것을 알 수 있다. 아이들은 놀이를 통해서 인지, 정서, 사회성, 언어, 신체의 총체적인 발달을 이룰 수 있기 때문이다. 그러나 막상 부모들은 무슨 놀이를 해야 할지, 어떤 놀이도구를 사줘야 할지, 아이와 놀아줄 때 어떻게 반응을 해줘야 할지 등 아이들과 노는 것에 익숙하지 않아 막막해 한다.

이 책은 엄마, 아빠가 집에서 쉽게 구할 수 있는 재료로 아이와 즐겁게 놀 수 있는 90가지 방법을 소개하고 있다. 집에서 쓰지 않는 가정용품들이나 재활용품들을 활용하면 엄마, 아빠도 힘들지 않고 아이도 호기심을 충족하며 즐겁게 놀 수 있다. 아이들은 평소에 익숙하게 본 소품이나 가정용품에 더 호기심을 갖는 경향이 있다. 이 책에 나오는 것처럼 평소 같았으면 그냥 버렸을 과일 보호지나 신문지, 비닐봉지, 아이스크림 막대 등을 이용하여 간단하게 아이와 놀

아준다면 별도의 학습용 장난감을 사줄 필요도 없으며 너무 어려운 놀이를 배워야 한다는 부담을 느끼지 않아도 된다. 또한, 이 책에서 보여주는 다양한 재료들의 질감과 형태는 아이들의 오감을 자극한다. 지점토나 쿠킹호일, 비닐봉지 등 일상에서 쉽게 접할 수 있는 소품들도 아이의 시각, 촉각, 청각 등을 자극시킬 수 있는 좋은 놀이 재료다. 아이들은 놀이를 통해 마음껏 상상하고 자유로움을 느낄 수 있다. 예를 들면 욕실에서 비닐장갑에 담긴 물감들을 짜고 노는 놀이를 통하여 아이들은 물감을 자유롭게 손에 묻히고 원하는 대로 실컷 짜보면서 자유를 느끼고, 상상력을 마음껏 펼치고, 긴장과 스트레스를 해소시킬 수 있다. 만약 아이가 스스로 장난감을 만들어서 가지고 노는 과정이 어렵고 복잡하다면 좌절감을 느낄 수도 있는데, 이 책에서 소개하는 놀이들은 과정이 매우 쉽기 때문에 아이들이 직접 장난감을 만들 수 있어 성취감도 느낄 수 있게 된다. 이 책에서 소개하는 다양한 놀이들을 통해 아이가 간단한 과학적 원리를 배우는 것은 추가적인 소득일 것이다.

부모와 아이가 쉽게 접할 수 있는 재료를 가지고 함께 재미있게 놀 수 있는 시간이 많이 생긴다면 아이의 정서적 안정과 애착, 자존감 등은 자연스럽게 형성될 것이므로 이 책은 초보 부모들에게 좋은 안내서가 될 수 있을 것이며 또한 유치원, 어린이집과 같은 아동 보육기관 등에서도 응용할 수 있음은 물론이고 부모 상담 시에도 유용할 것이라고 판단되어 추천한다.

한국아동청소년심리상담센터(www.kccp.kr) 소장
아동심리치료 박사 이 향 숙

| 프롤로그 |

간단하고 쉬운 방법으로
함께 만들고 놀이하면
창의력이 쑥쑥 자란답니다!

엄마표 놀이를 시작한 지 4년이 흘렀네요. 꼼꼼하지 못하고 덜렁대는 성격에 손재주가 없었기에 처음 시작할 때 무언가를 만든다는 것이 쉽지 않더라고요. 엄마표 놀이를 시작하게 된 이유도 내 자신이 열정적인 엄마여서가 아니었어요. 주위에 엄마들이 문화센터와 가베, 몬테 수업 등 아이들을 위해 투자를 하는 모습을 보고 '나도 해야 하나?', '우리 아이만 뒤처지는 건가?'라는 생각에 시작하게 됐지요. 솔직히 부러운 마음도 있었지만 이것저것 많은 것을 투자하기엔 여유가 없어 무작정 엄마표 놀이를 시작했던 터라 마음만 급해지니 스트레스가 되어버리기 시작했어요. 아이에게 화나고 내 자신에게 화나고 열심히 일하고 들어온 신랑한테 화나고. 모든 행동들이 맘에 안 드는 하루하루를 보내고 있었습니다. 투정만 부리다가, 남들을 부러워만 하다가 1년을 보낸 것 같아요. 1년이 지난 후 어느 순간 거울 속 제 모습이 나도 모르게 인상을 쓰고 있는 아줌마의 모습이었어요.

그러다 문득 아이들에게 다른 엄마들처럼 이것저것 수업을 해주진 못하지만 내가 할 수 있는 것은 더 안아주고, 함께 걷고, 한 번 더 말을 걸어주는 것이 아닐까 생각하게 되었어요. 아이들과 함께 하는 시간이 많아지면서 공통 관심사도 늘어나게 됐죠. 시중에는 미술놀이 재료들이 많이 나와 있어요. 패키지로 구입하면 편하기도 하고, 공동구매가 저렴하니까 이것저것 사놓았었는데 시간이 흐른 뒤에는 아이의 연령에 맞는 놀이가 아닌 것 같아서 버리게 되더라고요. 아이마다 성향이 다르기 때문에 흥미 있어 하는 놀이도 다르죠. 스티커를 좋아하면 스티커로 할 수 있는 놀이로 학습과 연계해주고 창의력을 키워주고, 아이가 색칠놀이를 좋아하면 색칠을 통해서 재미있게 할 수 있는 놀이들로 확장시켜주는 것이 엄마의 몫이에요.

저는 일단 아이에게 필요한 놀이를 해주자는 생각으로 놀이를 시작했어요. 우유갑으로 펭귄 만들기부터 시작해서 요구르트 병으로 볼링놀이를 하고 빨대로

비눗방울을 만들어보는 등 하나하나씩 함께 하다 보니 아이들도 엄마에게 좀 더 손을 내밀고 다가오게 되더라고요. 아이들은 역시 놀이를 좋아하죠. 아이가 뛰는 모습을 그냥 흐뭇하게 바라보는 것보다 아이가 뛸 때 같이 뛰고 같이 웃다보면 어느새 아이들도 엄마에게 더 다가오는 것 같아요.

간혹 4살 때 아이가 말을 처음 시작했다면 대개 지능이 떨어지는 아이로 낙인을 찍고는 하죠. 감싸줄 수 있는 사람은 엄마밖에 없어요. 만일 제가 주위 엄마들의 말에 휩쓸렸다면 지금의 재현, 재훈이는 없을 거예요. 8살이 된 재현이는 영어, 중국어, 한자 등을 아무런 거부감 없이 받아들이는 아이로 변하기 시작했어요. 아이의 성향을 파악해서 엄마가 물러설 땐 물러설 줄 알고 기다릴 땐 기다려주는 방식으로 아이의 취약점을 보완해주었어요. 그러면서 기다림, 조바심내지 않기가 얼마나 중요한지 깨닫게 되었습니다. 저 또한 겪어보지 못했다면, 아이들과 힘든 역경을 겪지 않았다면 "엄마표가 좋아요!"라고 말하지 못했을 거예요.

아이들에게 남들처럼 많은 투자를 못하는 이유도 있었지만 제가 원하는 엄마표 놀이에서 제일 중요한 건 아이들과 공통 관심사를 같게 하기 위해서 같은 공간에 있는 시간을 만드는 것이었어요. 자신을 믿어주고 자신과 놀아주는 친구들을 좋아하듯 아이들의 마음에 들기 위해서 노력을 했어요.

저는 "난 엄마고, 넌 아직 어리니까 엄마가 하자는 것들을 하자." 하는 명령식의 놀이보다는 "이것도 해 볼까?", "이건 어때?" 등 아이들이 놀이를 주도한다는 생각이 들 수 있도록 대화하며 아이들의 자신감을 키워주었어요.

비싼 돈을 지불하지 않고도 쓸모없다고 버리는 재활용품을 놀이도구로 만들다 보면 아이들도 다양한 생각을 하며 창의력을 키워나간답니다. 엄마표 놀이는 기준치도 없고 하는 과정에서도 '잘하고 있나?', '이렇게 하면 되는 건가? 하게 되죠. 하지만 짧은 순간의 노력으로 아이의 마음을 얻을 수 있는 건 아니잖아요? 조금씩 시간이 걸리더라도 노력을 해 보세요. 엄마가 노력하다 보면 아이들도 노력하는 법을 엄마를 모방하듯이 습관처럼 배우게 된답니다. 엄마표 놀이, 함께 시작해 보아요!

따랑해의 엄마표 육아교육 감성놀이
김주연

| 목차 |

감수의 글 · 4
프롤로그 · 6
생활놀이 두 배로 즐기는 법 · 10
생활놀이 재료 · 12

 part 01 상상력이 자라는
간단 놀이 30

1 볼록볼록 호일 그림 · 16 | 2 손쉬운 풍선놀이 · 18 | 3 손에 딱 맞는 야구 글러브 · 20 |
4 돌돌돌 휴지꽃 만들기 · 22 | 5 상상 동화 구연하기 · 24 | 6 내가 만든 비닐인형 · 26 |
7 스타일의 완성 시계 · 28 | 8 한땀 한땀 실 꿰기 · 30 | 9 시원한 얼음놀이 · 32 |
10 응원도구 만들기 · 34 | 11 콕콕 찍는 종이컵 스탬프 · 36 | 12 뱅그르르 종이컵 팽이 · 38 |
13 과일로 그리는 그림 · 40 | 14 꼬리잡기 풍선놀이 · 42 | 15 야들야들 한지 그림 · 44 |
16 알록달록 불빛 쇼 · 46 | 17 달려라 치타 · 48 | 18 바퀴로 그리는 그림 · 50 |
19 휴지로 만드는 퍼즐 · 52 | 20 실내 투호놀이 · 54 | 21 신문지 고리 던지기 · 56 |
22 훅훅 부는 비닐 풍선 · 58 | 23 가을을 담은 버스 · 60 | 24 공을 굴려라 · 62 |
25 함께 꾸민 꽃밭에서 · 64 | 26 내 맘대로 대칭국기놀이 · 66 | 27 알록달록 모래시계 · 68 |
28 섹시한 문어 · 70 | 29 아슬아슬 간식시간 · 72 | 30 세탁소봉지놀이 · 74 |

part 02 신체 발달을 돕는 활동 놀이 32

1 알록달록 아이스크림 · 78 | 2 나랑 똑같네, 대칭놀이 · 80 | 3 슝 날아라 로켓 · 82 | 4 김발 액자 · 84
5 나도 댄싱스타 · 86 | 6 딸랑딸랑 딸랑이 · 88 | 7 맴맴 매미 트리 · 90 | 8 바다 액자 꾸미기 · 92
9 반찬통 구슬 그림 · 94 | 10 샤워망 낚시 그물 · 96 | 11 소리 나는 물고기 · 98
12 자연을 담은 솔방울인형 · 100 | 13 양말 한 짝 인형 · 102 | 14 여백의 미, 물감 그림 · 104
15 꼬불꼬불 애벌레 · 106 | 16 움직이는 박스인형 · 108 | 17 색이 예쁜 수족관 · 110
18 음메 음메 젖소체험 · 112 | 19 캔버스 액자 그림 · 114 | 20 코가 길어 코끼리 · 116
21 물감공 굴리기 · 118 | 22 곡식 마라카스 만들기 · 120 | 23 내가 만드는 붕붕 트럭 · 122
24 패션디자이너 되어보기 · 124 | 25 조심조심 징검다리 · 126 | 26 룰라랄라 하모니카 · 128
27 쫀득한 화전 만들기 · 130 | 28 철가루 자석 마술 · 132 | 29 엉금엉금 거북이 · 134
30 소리가 나는 북 · 136 | 31 상상의 바다 꾸미기 · 138 | 32 진주를 품은 조개 · 140

part 03 오감을 깨워주는 특별 놀이 28

1 동물소리를 맞춰봐 · 144 | 2 아슬아슬 림보게임 · 146 | 3 한글 멀리뛰기 · 148
4 스타일 완성 모자 · 150 | 5 물이 졸졸졸 물뿌리개 · 152 | 6 밀가루 풀 미끄럼틀 · 154
7 솔솔 밀가루 눈이 내려요 · 156 | 8 구슬 미로게임 · 158 | 9 똑딱똑딱 벽시계 · 160
10 알록달록 색깔바다 · 162 | 11 소고 딸랑이 · 164 | 12 알록달록 실로폰 · 166
13 박스썰매 타기 · 168 | 14 양면 비닐 그림 · 170 | 15 달걀로 양치 실험하기 · 172
16 거미가 줄을 탑니다 · 174 | 17 부릉부릉 자동차 · 176 | 18 잠수경으로 바다 보물 찾기 · 178
19 캐릭터 캐리어가방 · 180 | 20 알록달록 망원경 · 182 | 21 한지그릇 만들기 · 184
22 열기구 타고 날아가 볼까 · 186 | 23 딸랑딸랑 현관 종 만들기 · 188 | 24 협동 그물공 튕기기 · 190
25 생활 속 과학 지렛대 원리 · 192 | 26 엄마 캥거루가 되어보자 · 194
27 꿀꿀 돼지인형 만들기 · 196 | 28 빨대로 만드는 모빌 · 198

생활놀이 두 배로 즐기는 법

01 책과 친구가 되어라

책의 중요성을 알지만 무슨 책을 사야할지 몰라서 처음에는 남들이 말하는 값비싼 브랜드 책을 사야 되나 흔들리기만 했어요. 그러나 아이들과 서점에 가서 단품으로 한 권, 두 권 아이들이 좋아하는 책들을 사다 보니 점차 백 권, 이백 권, 천 권, 이천 권이 되어서 지금은 거실과 아이들 방을 채울 만큼 책이 가득하지요. 그만큼 아이들이 좋아하는 책들도 많이 늘어났어요. 우리가 클 때와 지금 우리 아이들이 클 때의 교육은 비슷한 부분도 있지만 달라진 부분이 많기에 엄마의 빠른 정보력이 중요하다는 것을 종종 느끼게 되더라고요. 아이들과 같이 서점에 나가서 책들을 보면 자연스럽게 교육의 흐름도 알게 되고 방향도 잡히게 된답니다. 집안 곳곳에서 책과 함께 할 수 있도록 빈 공간마다 책을 채워주세요. (사진: 거실 서재화)

02 책과 게임을 즐겨주세요

책과 친해지고 싶다면 책을 놀이도구로 활용해주세요. 게임을 통해서 책과 친해져보세요. 책으로 미로를 만들고 주사위를 던져서 해당하는 수에 맞게끔 선정된 책을 읽기도 하고, 책을 세워서 공을 굴리고 볼링핀처럼 쓰러지는 책을 읽어주세요.
추천 책장 펀우드(http://www.funwood.co.kr)

03 아이들과 재활용품을 씻고 모아주세요

아이들과 우유나 떠먹는 요플레를 먹고 나면 아이들 앞에서 "다 먹었네! 우리 이걸로 OO 만들자! 씻어서 마르면 같이 만들자."라고 말을 했어요. 엄마표 놀이를 하다 보니 아이들이 먹고 난 후에는 이제 먼저 "엄마 이걸로 우리 OO 만들어요! 씻어주세요."라고 말하더라고요. 아이들이 재활용품을 보면서 다양한 아이디어를 생각하고 내놓으면서 창의력도 커지죠. 재활용품은 깨끗이 씻고 말려서 보관해주세요.

04 아이들의 작품을 보관해주세요

아이들에게는 연령별로 많은 변화가 있죠. 아이들과 놀이를 한 후에는 뒷면에 날짜와 아이들이 생각하는 주제를 써주세요. 아이들이 생각하는 주제는 매일매일 바뀌기 때문에 그 당시 놀이를 할 때의 생각을 담아주세요. 재활용품 만들기 같은 경우 부피 때문에 보관하기 힘들다면 사진을 찍어서 기록하는 방법도 좋아요.

05 아이들의 작품을 눈에 띄기 쉬운 곳에 장식해주세요

아이들의 작품을 집안 곳곳에 놓아두게 되면 아이들이 필요에 따라서 가지고 놀수도 있죠. 아이들의 작품들을 모아서 분기별로 집에서 전시회를 열어도 뜻깊은 추억을 만들 수 있어서 좋아요. 그 과정에서 아이들의 자신감도 무럭무럭 커진답니다. 아이들의 추억을 하나하나 담아보세요.

생활놀이 재료

물감, 아크릴 물감
일반 물감과 아크릴 물감이 필요해요. 아크릴 물감은 재활용품에 색을 입힐 때 사용할 수 있답니다. 일반 물감은 스케치북이나 종이에 그림을 그릴 때 사용하기 좋아요.

퍼포먼스 물감
아이들과 손, 발 그리고 몸을 이용해서 놀이를 하는 퍼포먼스 물감이에요. 신체놀이를 할 때 사용하기에는 최고랍니다.

눈알 장식
어떤 물건이든 눈알 장식만 붙이면 생동감이 살아나죠! 스티커로도 나오고 있으니 다양한 표정을 원하신다면 붙여주는 게 좋답니다.

스티로폼 공
스티로폼 공입니다. 크기도 다양해요.

모루
보통 가느다란 철심에 털실이 달려 있는 모루는 털 철사라고도 불러요. 굵은 모루, 얇은 모루, 꼬불꼬불한 모루, 별 모루, 반짝이 모루 등 종류가 다양하니 필요에 따라 구입해서 사용하시면 된답니다.

가위, 테이프
만들기에서 가장 많이 쓰이는 재료죠.

풀
풀 중에서도 가장 많이 쓰이는 재료로는 물풀, 딱풀, 목공용 풀이 있어요.

글루건
물건을 고정시킬 때 쓰는 글루건과 글루건심인데요, 글루건은 열을 가해서 녹여 붙이기 때문에 위험하니 엄마가 사용해주세요!

붓, 팔레트, 물통
미술놀이를 할 때 꼭 필요한 재료들이죠!

재활용품
재활용놀이에 사용할 다양한 재료들은 깨끗하게 보관해주세요. 예를 들어, 우유갑은 마신 뒤 깨끗하게 씻어서 말리는 식으로 보관해주시면 됩니다.

펀치
구멍을 뚫을 때 사용한답니다.

미술놀이 책상
아이들과 미술놀이를 할 때는 물감 사용도 많고, 수성펜, 크레파스, 색연필 등의 색칠도구의 사용이 많죠. 원목 책상에서 놀이를 하면 수성펜이나, 색연필 등이 잘 지워지지 않아요. 그런 부분이 고민이라면 법랑 책상으로 준비해 보세요. 신문지나 비닐을 깔지 않아도 색칠도구가 잘 지워지기 때문에 편안하게 놀이를 진행할 수 있어요.

볼록볼록 호일 그림	시원한 얼음놀이	달려라 치타	함께 꾸민 꽃밭에서
손쉬운 풍선놀이	응원도구 만들기	바퀴로 그리는 그림	내 맘대로 대칭국기놀이
손에 딱 맞는 야구 글러브	콕콕 찍는 종이컵 스탬프	휴지로 만드는 퍼즐	알록달록 모래시계
돌돌돌 휴지꽃 만들기	뱅그르르 종이컵 팽이	실내투호놀이	섹시한 문어
상상 동화 구연하기	과일로 그리는 그림	신문지 고리 던지기	아슬아슬 간식시간
내가 만든 비닐인형	꼬리잡기 풍선놀이	훅훅 부는 비닐 풍선	세탁소봉지놀이
스타일의 완성 시계	야들야들 한지 그림	가을을 담은 버스	
한땀 한땀 실 꿰기	알록달록 불빛 쇼	공을 굴려라	

part 01

상상력이 자라는

간단 놀이 30

나이 3~5세
재료 모루, 목공용 풀, 종이, 쿠킹호일, 가위, 마른 수건

볼록볼록
호일 그림

싱크대에서 쉽게 구할 수 있는 쿠킹호일로도 아이들과 재미있는 놀이가 가능하죠! 손으로 만져보고 눌러보면서 즐거움까지 느낄 수 있답니다. 색이 있는 크레파스나 물감이 아닌 아이들의 힘 조절로 탄생하는 예쁜 그림을 느껴보세요.

모루를 원하는 길이로 잘라주세요.

종이 위에 모루를 어떻게 꾸미면 좋을지 구상해 보아요.

모루를 목공용 풀로 붙여주세요.

모루로 꾸민 그림이 다양하죠.

호일로 모루를 붙인 종이 윗면을 감싸주세요.

마른 수건을 들고 살살 눌러주세요. 볼록볼록 호일 위에 그림이 나타납니다.

- 손으로 문질러보면서 촉감을 느껴도 좋아요.
- 마른 수건으로 문지르면 아이들이 꾸민 그림이 서서히 나타나는 장면을 볼 수 있답니다.

나이 3~5세
재료 풍선, 테이프, 실, 빨대, 가위

손쉬운 풍선놀이

아이들이 풍선을 너무 좋아해요. 마트에서 풍선을 나눠주면 쪼르르 달려가서 받아오더라고요. 풍선 하나만으로도 멋진 놀이들을 할 수 있죠. 풍선놀이의 손쉬운 활용법을 여러 가지 담아보았어요.

1. 풍선을 준비해서 후후 불어주세요.

2. 하나, 둘, 셋 하는 순간 놓으면 바람이 빠지며 슝 날아가요.

3. 풍선을 불어서 아이의 얼굴에 바람을 맞아보도록 해주세요.

4. 실과 빨대를 준비해서 빨대를 잘라 풍선에 붙여주세요.

5. 빨대에 실을 통과시켜서 높은 곳에 끝과 끝을 고정합니다.

6. 풍선을 불어서 입구를 잡고 준비해주세요.

7. 손을 놓으면 풍선의 바람이 빠지면서 슝 로켓처럼 날아가요.

- 초간단하게 놀 수 있는 놀이들이에요. 아이들과 풍선 로켓도 쉽게 만들 수 있으니 즐기며 놀아주세요. 아빠와 함께 즐겨도 좋아요.

나이 5~7세
재료 과일 보호지, 휴지심지, 공, 가위, 칼, 테이프

손에 딱 맞는
야구 글러브

공은 아이들이 어릴 때부터 다양하게 활용해 보고 놀 수 있는 놀이도구 중 하나인데요. 집에서 공을 던지고 받고 할 수 있도록 놀아주세요. 글러브를 만들어서 야구선수처럼 폼도 내볼까요?

1. 과일 보호지를 준비해주세요.

2. 반으로 접어주세요.

3. 양쪽 개수를 맞춰주세요.

4. 휴지심지를 길게 잘라주세요.

5. 과일 보호지의 위아래에 칼집을 내고 휴지심지를 꽂으세요.

6. 안쪽에서 움직이지 않도록 테이프로 고정해주세요.

7. 아이들과 손잡이를 잡고 야구 글로브를 낀 듯 놀아주세요.

8. 대결하듯이 서로서로 위치를 바꿔가면서 공을 받고 놀아주세요.

- 휴지심지를 끼우고 아이들의 손에 맞는지 맞춰가면서 만들어주세요.

나이 3~5세
재료 휴지, 테이프, 나무젓가락

돌돌돌 휴지꽃 만들기

꽃이라고 하면 더 예쁘고, 더 화려하게 꾸며야겠지만 만들기는 간단하게 마치고 아이들과 이야기를 나누면서 상상력을 이끌어내보세요.

1. 휴지를 준비해주세요.

2. 나무젓가락을 올려주세요.

3. 끝을 잡고 돌돌 말아주세요.

4. 휴지를 한 겹, 두 겹 겹쳐서 돌돌 말아주세요.

5. 테이프를 붙이고 휴지를 꽃송이처럼 살짝 펴주세요.

6. 만든 꽃송이를 모아서 위에서 내려다보세요.

7. 꽃을 만들어서 향기를 맡도록 해주세요.

- 돌돌 휴지를 말 때 힘이 부족한 아이들은 옆에서 잡아주세요.
- 꽃만 만들고 놀이를 끝내지 말고, 아이들과 눈을 감고 상상하는 꽃밭의 향기와 느낌을 이야기해 보세요.

나이 4~6세
재료 하드보드지(두꺼운 종이), 크레파스, 칼

상상 동화 구연하기

동화책을 그냥 읽는 것보다 동화구연처럼 생동감 있게 읽어주면 아이들이 좋아하고 재미있어 하면서 흥미를 느끼게 되죠. 글자 없이 그림만으로 된 그림책 아시죠? 어떻게 해석을 하느냐에 따라서 읽을 때마다 다른 동화가 돼요. 아이들이 그림만 보고 어떤 동화를 구연해나갈지 보세요.

하드보드지를 반으로 잘라주세요.

중앙 부분에 동그라미를 그려주세요.

동그란 부분을 칼로 잘라주세요.

동그란 부분만 보고 아이들이 그림을 그리게 하세요.

다양한 그림들을 보면서 아이들과 이야기를 짓고, 만든 이야기를 함께 나누어볼 수 있도록 해주세요.

서로 번갈아가면서 이야기를 만들어보면, 매일매일 다른 이야기가 탄생된답니다.

- 그림을 그릴 땐 아이들의 상상에 맡겨주세요. 더 다양한 그림들이 나온답니다.
- 동화를 만들어보면 아이들이 이야기를 이어가려고 노력하는 모습에서 생각하는 힘, 상상력이 발달된답니다. 서로의 이야기를 들어보는 자세도 기를 수 있겠죠.

나이 3~6세
재료 에어 캡, 나무젓가락, 사인펜, 테이프, 눈알 장식

내가 만든 비닐인형

고무 풍선을 좋아하지만 터질까봐 불기를 겁내하기도 하고, 엄마인 저도 아이들에게 주기가 너무 겁날 때가 있어요. 그럴 땐 집에서 만든 풍선이 최고겠죠. 택배를 받을 때 뽁뽁이 대신 에어 캡을 넣어 줄 때가 있더라고요. 에어 캡으로 만든 풍선, 안전해 보이죠?

에어 캡을 준비해주세요.

나무젓가락을 낱개로 뜯어주세요.

에어 캡 위에 눈알 장식을 붙여주세요.

사인펜으로 모양을 꾸며주세요.

에어 캡 아래쪽은 동그랗게 말아서 젓가락에 테이프로 고정해주세요.

폭신폭신한 비닐인형 완성.

- 에어 캡을 뜯어놓고 아이들이 폭신폭신한 촉감을 느끼게 해주세요. 놀이를 하기 전에 다양한 재료를 탐색해 보는 것도 좋답니다. 탐색을 하고 나면 아이들이 재료의 특징을 알기 때문에 아이들 스스로 만들면서 힘 조절을 할 수 있어요.
- 비닐인형을 만들어서 연극놀이를 하듯이 놀아주어도 좋아요.

나이 3~5세
재료 종이컵, 가위, 숫자 스티커, 사인펜, 찍찍이

스타일의 완성
시계

아이들이 5, 6살이 되면 시간에 대한 궁금증이 많아져요. "엄마, 몇 시예요?" 아이들 나름대로 시계를 보고 싶은데 잘 안 되니까 물어보면서 호기심을 가지기 시작하죠. 아이들과 예쁜 손목 시계를 만들어서 각자 시간을 말해 보아요.

1. 종이컵을 준비해주세요.

2. 종이컵 양쪽을 똑같이 잘라주세요.

3. 나머지 부분은 다 잘라주세요.

4. 시계의 끝 부분에 찍찍이를 붙여주세요.

5. 숫자 스티커를 시계 방향대로 붙여주세요.

6. 시계 바늘을 그려보며 각자 꾸며주세요.

7. 시계 만들기 완성.

- 같은 숫자 스티커라도 시계를 꾸밀 때마다 다르게 표현된답니다. 아이들만의 스타일로 꾸밀 수 있도록 해주세요.
- 아이들에게 몇 시인지 물어보세요. 물어볼 때마다 4시도 되었다가 5시도 되었다가 아이들의 시간이 매번 바뀌는 재미를 느껴보세요.

나이 3~5세
재료 종이 2장, 실, 색연필, 가위, 펀치

한땀 한땀
실 꿰기

아이들에게 시중에 파는 교구를 사주면 정교하고 좋지만 아이들과 직접 놀이감을 만들고 놀다 보면 놀이 과정 중에 실 꿰기를 응용할 수 있으니 더욱 좋아하더라고요. 실 꿰기로 종이 2장을 연결해서 옷을 만들어보세요. 나만의 옷이 완성된답니다.

1. 종이 2장을 준비해주세요.

2. 위쪽 얼굴 들어가는 부분을 반달 모양으로 잘라주세요.

3. 어깨 부분에 펀치로 구멍을 뚫어주세요.

4. 구멍 부분에 실을 꿰어 연결해주세요.

5. 아이들과 종이를 예쁘게 꾸미며 그림을 그려주세요.

6. 아이들의 예쁜 옷 완성.

- 아직 가위질이 서툰 아이라면 쉽게 엮으면서 만들 수 있도록 유도해주세요.
- 실이 얇아서 아이들 손에 잡고 넣기 힘들다면 실 끝에 테이프를 조금 말아서 힘 있는 심지처럼 만들어주면 좋아요.

나이 5~7세
재료 물감, 얼음, 소금, 실, 스케치북, 빈 그릇

시원한 얼음놀이

시원한 얼음, 아이들이 굉장히 좋아하죠? 시원하게 녹는 얼음이 신기하고 좋은가 봐요. 얼음 하나로 아이들에게 과학놀이하듯 놀아주었어요. 마술 같은 시간, 아이들의 집중력도 커지는 시간이 되겠죠?

1. 네모난 얼음을 준비해주세요.

2. 소금도 넉넉하게 준비합니다.

3. 실을 얼음 위에 살짝 올립니다.

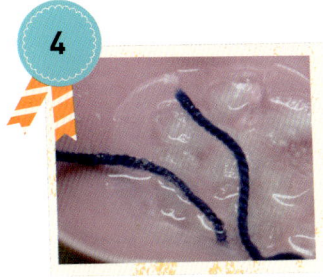
4. 소금을 실 위에 조금씩 양을 늘려가면서 뿌려주세요.

5. 2분 후 살짝 들어주세요.

6. 그릇에 물감을 넣어주세요.

7. 물감에 얼음을 넣어주세요.

8. 스케치북에 얼음으로 그림을 그려주세요.

- 얼음을 들어 올릴 때 천천히 올려주세요.
- 너무 세게 실을 당기면 얼음에 실이 달라붙지 않아요.

나이 2~5세
재료 색별 한지(색종이), 휴지심지, 쿠킹호일, 가위, 글루건

응원도구 만들기

아이들과 응원할 때 이겨라! 이겨라! 열심히 소리를 지르게 되죠. 응원도구를 활용하면 더 즐겁게 응원할 수 있어요. 집에서 흔히 구할 수 있는 휴지심지와 알록달록한 종이를 이용해서 만들어주세요. 응원도구가 더욱 예뻐진답니다.

1. 휴지심지를 쿠킹호일로 감싸주세요.
2. 색별로 예쁜 한지나 색종이를 준비해주세요.
3. 종이를 반씩 겹쳐서 펼쳐놓고 돌돌돌 말아주세요.

4. 휴지심지에 색종이를 반쯤 넣어 글루건으로 고정해주세요.
5. 휴지심지 바깥쪽으로 나온 부분을 가위로 얇게 잘라주세요.
6. 손으로 꽃잎을 펼치듯 펴주세요.

7. 알록달록 응원도구 완성.

- 종이가 두꺼우면 아이들이 자르기 힘들고 모양이 뒤죽박죽이 되요.
- 얇은 종이로 만들어도 좋아요. 가위를 사용하면서 소근육이 발달되니 정말 좋죠.
- 아이 혼자 하기 힘들어한다면 엄마가 옆에서 휴지심지를 잡아주세요.

나이 4~6세
재료 종이컵, 클레이, 물감, 스케치북

콕콕 찍는
종이컵 스탬프

시중에는 스탬프 종류가 다양하죠. 그렇지만 아이들이 만들고 싶은 모양을 찾으려면 없는 경우도 있어요. 집에서 아이들과 조물거리며 클레이로 스탬프를 만들며 그 안에 아이들의 작품을 담아보세요. 아이들의 상상력과 창의력이 담긴 멋진 스탬프가 탄생한답니다.

1. 종이컵을 준비해주세요.

2. 종이컵 뒤쪽에 클레이를 눌러서 담아주세요.

3. 클레어로 높이를 맞춰주세요.

4. 클레이를 손으로 활용한 뒤에 아이들과 꾸며주세요.

5. 7살 작품.

6. 4살 작품.

7. 물감을 준비해서 묻혀주세요.

8. 스케치북 위에 콩콩콩 찍어주세요.

- 스탬프를 찍어보고 아이들이 생각나는 그림을 더욱 확장해서 그릴 수 있도록 색연필로 그림을 완성해주세요. 또 다른 작품이 된답니다.

나이 3~6세
재료 나무꼬지, 종이컵, 가위, 사인펜(스티커), 글루건

뱅그르르
종이컵 팽이

집에서 쉽게 구할 수 있는 종이컵의 변신. 종이컵을 알록달록 팽이로 꾸며보고, 종이컵 팽이가 뱅그르르 돌면서 만들어내는 그림도 느껴보세요. 종이컵이 뱅그르르 돌면서 꾸며놓은 그림이 참 예쁘죠? 팽이를 돌리며 아이들의 손가락 힘도 길러주고 재미있는 놀이에도 빠져보세요.

종이컵을 가위로 5번 잘라주세요.

사인펜으로 예쁘게 꾸며주세요.

아이가 어리다면 스티커를 붙여서 꾸며주세요.

나무꼬지를 반으로 잘라주세요.

나무꼬지를 종이컵 중앙 부분에 꽂아서 글루건으로 고정해주세요.

나무꼬지의 중심을 잡고 돌려보세요.

- 반으로 잘린 나무꼬지 부분을 바닥에 문질러서 아이들이 찔리지 않도록 뭉뚝하게 만들어주세요.
- 예쁘게 꾸민 팽이를 그냥 봤을 때와 뱅그르르 돌렸을 때의 그림을 비교해 보세요.

나이 3~5세
재료 다양한 과일, 그릇, 빵 칼

과일로
그리는 그림

그동안 과일을 먹기만 했다면 이번에는 먹기 전에 과일의 단면을 잘라보면서 관찰해 보고 그림처럼 꾸며서 접시에 담은 후에 같이 먹어보면 어떨까요? 엄마가 접시에 깎아서 담아온 과일을 먹는 것보다 아이들 스스로 담아보는 것도 좋은 경험이 돼요.

1. 종류별로 과일을 준비합니다.

2. 과일에서 무슨 냄새가 날까요?

3. 과일을 만져보면 느낌이 어떨까요?

4. 과일의 단면, 속은 어떻게 생겼을까요?

5. 과일의 맛은 어떨까요?

6. 과일을 접시 위에 꾸며주세요.

7. 과일로 꾸민 그림이 어떤가요?

8. 꾸민 과일을 맛있게 나눠먹으세요.

- 과일에 대해서 중심을 잡고 마인드맵을 꾸며주세요. 책을 보면서 과일에 대한 깊이 있는 공부를 해도 좋답니다.

나이 2~4세
재료 풍선, 끈, 집게

꼬리잡기
풍선놀이

집에서 즐기는 신체놀이. 굳이 밖에 나가지 않고도 집에서 즐길 수 있는 방법이 다양해요. 그중 간단히 1분 만에 뚝딱 풍선으로 놀아주는 놀이도 있답니다. 잡아라! 잡아라! 풍선만 있으면 아이들의 까르르 웃는 소리를 들을 수 있답니다.

풍선을 준비해주세요.

풍선을 묶어주세요.

풍선을 끈으로 길게 연결해주세요.

집게로 끈을 아이들 바지에 집어주세요.

끈을 아이들 키에 맞게 조절해서 연결해주세요.

서로 엉덩이에 달린 풍선꼬리를 흔들면서 잡아보세요.

- 아이들과 풍선놀이를 할 때는 뛰다가 미끄러질 수 있으니 양말을 벗고 해주세요.

나이 3~5세
재료 한지, 스케치북, 풀

야들야들
한지 그림

한지에는 한국 고유의 기법이 담겨 있어 빛에 비추어보면 종이 자체가 참 예뻐요. 또 한지를 뜯으면 색종이와 다른 느낌을 느낄 수 있죠. 한지 고유의 느낌을 살려서 가위가 아닌 손으로 그림을 꾸며볼 게요.

1. 한지를 준비해주세요.

2. 원하는 색의 한지를 선택해주세요.

3. 스케치북 위에 한지를 펼쳐주세요.

4. 한지 위에 한지로 모양을 꾸며줄 거예요.

5. 가위가 아닌 손으로 자르면서 한지 고유의 느낌을 느껴보세요.

6. 한지를 접거나 잘라서 꾸며도 좋아요.

7. 한지로 꾸민 그림 7살 작품.

8. 한지로 꾸민 그림 4살 작품.

- 한지를 손으로 뜯으면 한지의 뜯어진 단면이 가위로 자른 그림보다 자연스럽다는 것을 느낄 수 있답니다.

나이 4~7세
재료 박스, 손전등, 셀로판지, 가위, 볼펜, 풀

알록달록
불빛 쇼

분수 쇼 보러 가신 적 있죠? 춤을 추는 듯한 분수 쇼, 아이들과 그 모습을 상상하면서 집에서 즐겨보면 어떨까요? 그냥 보는 것도 좋지만 아이들이 직접 색을 섞어서 만든 분수 쇼가 더 예쁘지 않을까요?

박스를 준비해서 두 면을 잘라 주세요.

박스 위쪽을 볼펜으로 콩콩콩 찍어주세요.

손전등을 준비해주세요.

볼펜 구멍이나 다양한 모양으로 구멍 내어도 좋답니다.

셀로판지를 구멍 뒤쪽에 풀로 붙여주세요.

다양한 색을 섞어 붙이면 여러 가지 색을 느낄 수 있답니다.

침대에 누워서 불을 끄고 손전등을 켜주세요.

아이들이 만든 박스 뒤쪽으로 손전등을 비춰주세요.

- 손전등을 천장에 비춰보고 셀로판지로 만든 박스 뒤에도 비춰보며 비교를 해 보세요. 셀로판지 박스에서 다양한 색깔의 빛이 나오는 장면을 아이들이 직접 눈으로 볼 수 있답니다.
- 셀로판지를 박스 뒤쪽에 붙일 때 풀로 붙인 뒤 글루건으로 좀 더 고정시켜주면 좋아요.

나이 3~4세
재료 에어 캡 2개, 눈 스티커, 색종이, 풀, 테이프, 가위, 신문지

달려라 치타

택배를 받게 되면 오는 에어 캡. 공기가 빵빵하죠? 항상 버리기만 했다면 아이들의 놀이 재료로 활용해 보면 어떨까요? 가벼운 에어 캡의 장점을 살려 후후 불어보면서 입술 근육을 키워줄 수 있답니다. 신나게 후후 불어볼까요?

에어 캡을 준비해주세요.

신문지를 길게 접어주세요.

테이프로 길게 선을 긋듯이 신문지를 책상 위에 붙여주세요.

스티커를 에어 캡 위에 붙여주세요.

에어 캡에 색종이로 치타의 얼굴을 꾸며주세요.

다른 에어 캡으로는 몸통을 표현해주세요.

에어 캡 2개를 겹쳐서 붙여주세요.

치타가 탄생되었죠?

후후 신나게 불어주세요. 누가 누가 빨리 달리는 치타일까요?

• 치타를 꾸밀 때 아직 종이를 자르기 어려운 아이들은 엄마가 가위질을 도와주고, 아이들이 붙여가면서 꾸밀 수 있도록 해주세요.

나이 3~4세
재료 바퀴, 전지, 물감, 테이프, 테이프심지, 팔레트

바퀴로
그리는 그림

아이들이 한참 자동차를 좋아하는 때가 있더라고요. 바퀴가 크면 클수록 좋고 블록을 활용해도 좋아요. 쉽게 끼우고 씻을 수 있는 바퀴를 준비해서 굴려주고 바퀴와 같이 둥근 원이나 원기둥 모양의 물건을 생활 속에서 찾아보세요. 바퀴가 굴러가면서 예쁜 그림이 탄생한답니다.

1. 전지를 고정한 후에 자동차 바퀴를 준비해주세요.
2. 자동차 바퀴나 테이프심지처럼 원 모양의 물건을 준비합니다.
3. 물감을 팔레트 위에 짜주세요.

4. 물감을 바퀴에 묻혀주세요.
5. 전지 위에 굴려주세요.
6. 바퀴가 굴러가는 방향대로 자유자재로 그림이 그려지죠?

7. 다 쓴 테이프심지에 물감을 묻혀주세요.
8. 슛! 발로도 차볼까요?

- 바퀴를 서로서로 주고받고 굴려가면서 그림을 그려보세요.
- 물감을 손에 묻혀 촉감을 마음껏 느껴보고 손도장도 찍어보세요.

나이 3~4세
재료 휴지, 빈 통

휴지로
만드는 퍼즐

두루마리 휴지를 사게 되면 필요할 때마다 꺼내 쓰기도 하지만 아이들이랑 놀아주는 재료로 사용할 수도 있어요. 아이들과 창의력을 발휘해서 두루마리 휴지로 퍼즐을 맞춰보고 신체놀이로도 즐기며 다양한 놀이들을 해 보아요.

아이들이 놀 수 있도록 매트를 준비해주세요.

두루마리 휴지를 준비합니다.

두루마리 휴지로 매트 위를 꾸며보세요.

꽃 완성.

같이 협동해서 꾸며보세요.

불가사리 완성.

신나게 휴지 퍼즐놀이를 한 후에 빈 통을 준비해서 매트 끝에 놓아주세요.

빈 통 반대편에서 슛! 신나게 넣어보세요. 두루마리 휴지 축구놀이도 신나죠?

- 돌고래도 만들고 사람도 만들어봐요. 아이들의 생각을 자유롭게 표현해 봅니다.

나이 3~6세
재료 양말, 나무젓가락, 고무줄, 플라스틱 통, 테이프

실내 투호놀이

아이들이 편하게 놀 수 있도록 양말과 통을 준비해서 골인시켜볼게요. 아이들의 연령에 따라서 중심 맞추기가 쉽도록 거리를 조절해주세요. 짧은 거리에서 점차 거리가 멀어지게 하여 성공할 때의 자신감을 느낄 수 있도록 해주세요.

플라스틱 통을 준비해주세요.

아이들의 양말을 준비합니다.

나무젓가락을 양말 가운데에 올려주세요.

고무줄로 고정해주세요.

투호 완성.

테이프로 아이들이 서 있을 선을 여러 단계로 붙여주세요.

선에 아이들을 세워주세요.

던져볼까요? 슛!

- 어린아이들은 가까이서 던져 성공할 수 있도록 해주세요. 성공할 때마다 자신감을 키워줄 수 있겠죠.

나이 3~4세
재료 신문지, 테이프

신문지
고리 던지기

신문을 보고 나면 버리기 바쁜데 아이들과 1분만 투자해서 놀이로 활용해 보세요. 항상 고정되어 있는 고리가 아니라 아이들이 직접 고리가 되어서 던지는 신문지를 잡아보는 거예요. 눈을 크게 뜨고 집중해서 날렵하게 고리를 걸어볼까요?

1. 신문지를 준비해주세요.
2. 신문지를 접고 또 접어주세요.
3. 동그랗게 말아서 테이프로 고정해주세요.

4. 다양한 크기로 만들어주세요.
5. 위치를 조정한 후 던져볼까요?
6. 슛! 높이 던져주세요.

7. 5~6세라면 몸으로, 3~4세라면 손으로 잡도록 해주세요.

- 아이들과 신문지 고리를 만들면서 머리띠나 목걸이, 팔찌도 만들 수가 있어요.
- 아이들이 어리다면 잡기 쉽도록 고리를 크게 만들어주세요.

나이 3~4세
재료 음료수 빨대, 테이프, 비닐봉지

훅훅 부는
비닐 풍선

풍선을 부는 게 폐 기능 향상에 좋다고 하지만 아이들이 불기엔 힘이 들더라고요. 집에서 아이들과 비닐봉지로 후후 풍선을 부는 연습을 해 보면 자신감도 생기면서 기분이 좋아지겠죠. 아이들이 쉽게 불 수 있는 풍선을 만들어주세요. 쉽게 불고 뚜껑으로 여닫으면서 아이들 스스로 해낼 수 있답니다.

1. 빨대 달린 파우치형 음료수를 먹고 나서 씻어주세요.

2. 가위로 잘라주세요.

3. 빨대 부분만 남도록 해주세요.

4. 비닐봉지를 준비해주세요.

5. 비닐봉지에 빨대를 넣고 돌돌 말아서 테이프로 고정합니다.

6. 빨대로 후후 불어볼까요?

7. 뚜껑이 있으니 아이 혼자서 공기가 빠져나가지 않게 막을 수도 있답니다.

- 어린아이들이 고무 풍선을 불기 어려워하면 음료를 마시고 남은 빨대로 쉽게 불 수 있도록 해주세요.

나이 3~6세
재료 티슈 케이스, 바퀴, 글루건, 낙엽

가을을 담은 버스

가을에 쉽게 할 수 있는 놀이를 소개할게요. 낙엽이 가득할 때 아이들과 산책을 해 보세요. 낙엽을 하나하나 주워서 자연물로 멋진 작품을 꾸며보세요. 티슈 케이스에 낙엽으로 장식하고 바퀴만 달아도 가을을 품은 버스가 되더라고요. 아이들이 낙엽으로 꾸미고 싶은 것은 무엇일까요?

낙엽을 주으러 나가보세요.

다양하게 낙엽을 담아주세요.

티슈 케이스를 준비해주세요.

글루건으로 하나씩 낙엽을 붙입니다.

바퀴를 달아주세요.

버스 완성!(낙엽으로 티슈 케이스에 무늬를 넣어서 꾸며보세요.)

- 낙엽을 주으러 가면서 낙엽의 모양과 색을 서로 비교하며 이야기를 나눠보세요.

나이 3~4세
재료 공, 휴지심지, 테이프, 가위

공을 굴려라

식구가 많으면 휴지 사용도 많고, 휴지심지가 많이 생겨서 버리기 바쁘시죠? 버리지 말고 활용해 보세요. 뚝딱 만들고 손쉽게 놀 수 있는 '휴지공을 굴려라' 놀이를 해 볼까 해요. 재료도 간단하답니다. 도전해 볼까요?

휴지심지를 준비해주세요.

가위로 반을 잘라주세요.

끝 부분을 살짝 겹치게 잡아주세요.

테이프로 고정해서 붙여주세요.

가벼운 공을 중심에 놓고 놀아볼게요.

양쪽 균형을 맞춘 후에 공을 입 앞에 놓은 뒤 후후 불어서 날려보아요.

- 수평이 되게 아이와 눈높이를 맞춘 후에 놀아주세요. 수평이 되지 않으면 기울어진 방향으로만 공이 굴러간답니다.
- 마주본 뒤 공이 상대방 입속에 들어가지 않도록 살살 불며 놀아보세요.

나이 3~5세
재료 과일 보호지, 가위, 글루건, 사인펜

함께 꾸민 꽃밭에서

과일을 사게 되면 과일 보호지가 따라오죠. 그냥 버리기만 했는데 활용하기에 참 좋은 재료가 된답니다. 아이들과 같이 상상놀이를 해 보세요. 같이 그림을 그리고 만들고 도와가면서 협동심도 길러줄 수 있답니다.

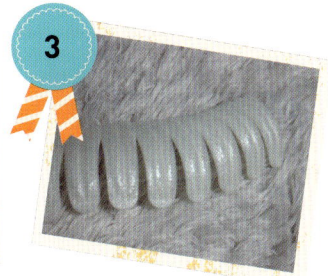

1. 과일 보호지를 준비해주세요.
2. 가위로 끝 쪽을 잘라주세요.
3. 살짝 안쪽으로 넉넉하게 잘라서 준비해주세요.

4. 끝을 잡고 돌려주세요.
5. 꽃 모양 같은 틀이 나와요.
6. 아이들과 꽃밭을 꾸며주세요.

7. 꽃밭 완성!

- 같이 이야기하면서 꾸며볼 수 있도록 해주세요. 협동심도 생기고 서로를 이해하면서 의견도 들어볼 수 있어요.

나이 3~4세
재료 나무젓가락, 신문지, 테이프, 가위

내 맘대로
대칭국기놀이

신문지를 접고 또 접고 잘라보기도 하고, 다양하게 소근육 발달을 위한 놀이를 하면 좋아요. 가위로 자르고 펴보면 각양각색의 모양이 나와요. 아이들과 다양한 각도로 모양을 달리해서 잘라보고 그 위에 펜으로 국기를 그려도 좋고 깃발놀이를 해도 좋아요.

신문지를 준비해주세요.

가위로 사각형 모양으로 잘라주세요.

반으로 접어주세요.

접고 또 접고, 다양한 모양으로 접어주세요.

가위로 여러 가지 모양으로 잘라주세요.

신문지를 펴주세요.

테이프로 나무젓가락을 붙여서 국기를 만들어주세요.

내 맘대로 국기 완성.

- 아이들이 펜을 이용해서 그림을 더 꾸며도 좋고, 깃발을 들었다 놓았다 하면서 국기게임을 해도 좋아요.

나이 4~6세
재료 플라스틱 컵 2개, 모래, 마분지, 글루건, 가위, 못, 펜치

알록달록 모래시계

시계가 없던 시절에는 모래시계로 시간을 쟀어요. 모래가 떨어지면서 그 부피로 시간을 재는 장치인데요, 플라스틱 컵으로 만들어보았어요. 아이들이 떨어지는 모래를 신기하게 쳐다보는 모습이 아른거리네요. 아이들과 함께 만들고, 모래시계에 대해서도 설명해주면 학습과도 연계가 되겠죠?

1. 플라스틱 컵을 2개 준비합니다.

2. 못을 펜치로 꽉 잡고 열을 가해 주세요.

3. 플라스틱 컵 뒤쪽에 구멍을 크게 2~3개 뚫어주세요.

4. 플라스틱 컵 바닥이 서로 맞닿도록 붙여주세요.

5. 마분지로 컵 입구만 한 원을 그려서 오려주세요.

6. 마분지로 플라스틱 컵의 입구를 한쪽만 먼저 막아주세요.

7. 모래를 넣은 후 플라스틱 컵의 다른 입구에도 마분지를 덮고 글루건으로 막아주세요.

8. 모래가 떨어지는 모습을 지켜보세요.

- 모래가 없으면 소금을 파스텔 위에 문질러서 색을 내서 이용해도 좋아요.
- 구멍이 너무 작으면 모래가 잘 막혀요. 조절을 잘해서 구멍을 조금 크게 뚫어주세요.

나이 4~6세
재료 빨대, 과일 보호지, 눈알 장식, 가위, 글루건

섹시한 문어

과일 보호지는 정말 다양하게 활용이 가능해요. 이번 책에서도 정말 많이 나오는 재료죠. 명절날 과일을 선물 받는다면 꼭 모아두세요. 정말 유용한 장난감으로 변신한답니다.

1. 과일 보호지를 준비해주세요.

2. 뒤집어주세요.

3. 가위로 문어 다리만큼만 남겨 두고 잘라주세요.

4. 빨대를 잘게 잘라주세요.

5. 글루건으로 빨대를 붙여주세요. 문어 빨판이 된답니다.

6. 눈알 장식을 붙여주세요.

7. 섹시한 문어가 탄생했어요.

- 문어를 만들고 문어에 대한 책을 읽어주세요. 문어의 특징을 알 수 있답니다.

나이 3~6세
재료 끈, 과자나 놀이도구, 가위, 테이프, 박스

아슬아슬 간식시간

아이들과 함께 간식을 먹을 때 그냥 먹지 말고 재미있게 놀면서 먹으면 아이들과 공감대가 형성된답니다. 함께 어울려 놀아주세요. 조그마한 순간이라도 아이들 기억 속엔 남아있게 되죠. 간식을 즐겁게 먹어볼까요? 벌칙도 정해서 재미있게 간식을 즐겨보세요.

1. 박스를 준비해주세요.

2. 가위나 칼로 구멍을 3개 정도 뚫어주세요.

3. 구멍 안쪽에 자른 박스의 연결 부분을 테이프로 붙여주세요.

4. 과자나 벌칙으로 사용할 도구를 챙겨주세요.

5. 간식에 끈을 달아서 박스에 넣고 끈만 박스 밖으로 빼주세요.

6. 아이들은 눈을 감고 뒤돌아 있게 해주세요.

7. 1, 2, 3 중에 어느 번호를 뽑을까요?

8. 아이들이 번호를 말하면 그 끈을 당겨서 즐겁게 놀아주세요.

- 악기가 나오면 벌칙으로 노래를 같이 부르면 좋아요. 그냥 '꽝'이란 글자는 아이들이 싫어하지요. 노래와 함께 춤도 추는 재미있는 벌칙을 만들어보세요.
- 벌칙도구로 저는 심지로 만든 마라카스를 사용했어요. 마라카스를 함께 만들고 나서 아슬아슬 간식시간에 활용해주면 더욱 좋아요.

나이 3~7세
재료 세탁소봉지, 테이프

세탁소 봉지놀이

세탁소에 맡긴 옷을 찾아올 때면 봉지가 나와요. 그냥 버릴 수도 있는 봉지가 아이들의 재미있는 놀이 소재로 탄생된답니다.

세탁소봉지를 준비해주세요.

후후 불거나 끝을 잡고 거실을 돌면서 공기를 채워주세요.

구멍 난 곳은 테이프로 막아주세요.

공기를 다 채웠다면 묶어주세요.

묶은 부분을 테이프로 붙여서 발로 뻥 차보세요.

그냥 던지면서 공놀이도 해 보세요.

아이들과 살포시 앉아서 뛰어 보세요.

- 아이들과 인북스 여를 보다가 소재가 맘에 들어서 책 연계를 하면서 놀아보았어요. 주위를 둘러보면 쉽게 만들기 재료로 쓸 수 있는 것들이 많답니다.

75

  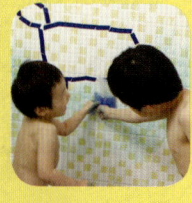 

알록달록 아이스크림	반찬통 구슬 그림	색이 예쁜 수족관	조심조심 징검다리
나랑 똑같네, 대칭놀이	샤워망 낚시 그물	음메 음메 젖소체험	울라랄라 하모니카
슝 날아라 로켓	소리 나는 물고기	캔버스 액자 그림	쫀득한 화전 만들기
김발 액자	자연을 담은 솔방울인형	코가 길어 코끼리	철가루 자석 마술
나도 댄싱스타	양말 한 짝 인형	물감공 굴리기	엉금엉금 거북이
딸랑딸랑 딸랑이	여백의 미, 물감 그림	곡식 마라카스 만들기	소리가 나는 북
맴맴 매미 트리	꼬물꼬물 애벌레	내가 만드는 붕붕 트럭	상상의 바다 꾸미기
바다 액자 꾸미기	움직이는 박스인형	패션디자이너 되어보기	진주를 품은 조개

part 02

신체 발달을 돕는

활동 놀이 32

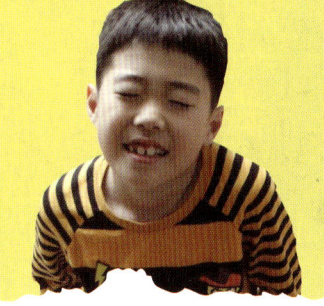

나이	3~4세
재료	물감, 가위, 장식 재료, 색종이, 풀, 도일리 페이퍼, 빈 그릇

알록달록 아이스크림

아이들과 아이스크림 전문점에 가면 어떤 맛을 먹을까 고민하면서도 다 먹고 싶어 하죠. 아이스크림을 종류별로 한 번에 다 먹을 수 없으니 그 마음을 놀이에 대신 담아보았어요. 만든 아이스크림이 무슨 맛인지, 얼마나 쌓아올릴지 놀이를 통해서 아이의 마음도 엿볼 수 있답니다.

1. 물감을 그릇에 담아주세요.

2. 도일리 페이퍼를 담가주세요.

3. 물감이 물든 도일리 페이퍼를 말려주세요.

4. 반으로 접고 또 접어서 고깔 모양으로 만들어주세요.

5. 도일리 페이퍼 윗부분을 둥글게 가위로 잘라주세요.

6. 색종이를 고깔 모양으로 잘라 접은 후 5번의 도일리 페이퍼를 넣어주세요.

7. 색종이 콘에 아이스크림을 먹고 싶은 대로 담도록 해주세요.

8. 아이스크림 완성. 먹어볼까요? 흉내를 내보세요.

- 도일리 페이퍼를 물감으로 염색할 때 손에 묻은 물감을 비비고 만지며 촉감을 느껴보세요.
- 스케치북 위에 아이스크림을 붙여 놓고 그림을 그려서 연계 활동으로 상상력을 키워주세요.

나이 3~7세
재료 신문지, 테이프, 끈

나랑 똑같네, 대칭놀이

아이들은 거울을 보고 까꿍놀이를 하면서 신기해서 웃기도 하고, 자신과 똑같은 모습이 거울에 비칠 때 다양한 행동을 하죠. 그 모습을 생각하며 서로의 모습을 따라 해 보면서 대칭놀이를 해 볼까요?

신문지를 준비해주세요.

신문지를 두 겹으로 준비해서 길게 접고 또 접어주세요.

접은 신문지를 연결해주세요.

네모난 거울처럼 큼직하게 틀을 잡아주세요.

위쪽에 테이프로 끈을 연결해주세요.

천장에 붙여주세요.

날 따라 해 봐요, 요렇게!

서로서로 모습을 따라 해 보세요.

- 신문지로 틀을 만들고 나서 거실에 놓아두고 한 걸음 한 걸음 조심히 밟아보면서 걸어보세요. 차례를 지키는 질서 예절도 배울 수 있어요.

나이	3~6세
재료	우유갑, 테이프, 플라스틱 통 2개, 빨대, 색종이, 풀, 실

슝 날아라
로켓

아이들은 활동적인 놀이를 좋아하죠. 만들기로 끝내는 것이 아니라 같이 가지고 놀면 더 좋아하는 것을 느낄 수 있답니다. 하늘을 나는 비행기, 로켓 등 아이들이 좋아하는 장면을 상상하면서 만든 비행기, 로켓을 아이들과 슝 날려볼까요?

우유갑을 준비해서 윗부분을 테이프로 붙여주세요.

플라스틱 통을 서로 맞닿게 붙여주세요.

아이들과 색종이를 이용해서 우유갑을 꾸며주세요.

굵은 빨대를 잘라서 우유갑에 붙여주세요.

플라스틱 통에도 빨대를 붙여주세요.

실을 벽 쪽에 붙여주세요.

빨대 사이로 실을 꿰어주세요.

실을 잡고 앉았다 일어섰다 하면서 로켓이 움직이는 모습을 지켜보세요.

- 우유갑, 플라스틱 통 등 아이들이 꾸미고 싶은 재료를 이용해서 꾸며주세요. 비행기, 새, 로켓, 우주선 등 아이들이 상상하는 것을 만들 수 있도록 유도해주세요.

나이	5~7세
재료	김발, 끈, 물감, 목공용 풀, 솜, 팔레트

김발 액자

김밥을 돌돌돌 말 때 쓰는 김발 아시죠? 올록볼록한 나무 느낌, 때로는 시원시원한 대나무발 느낌이 나죠. 김발 위에 그림을 살짝 올려서 꾸며보세요. 분위기 있는 한 폭의 액자 그림이 탄생된답니다.

1. 김발을 준비해주세요.

2. 끈을 잘라주세요.

3. 물감으로 색을 입혀주세요.

4. 목공용 풀을 김발 위에 짜서 꾸며주세요.

5. 장식용 풀이나 솜을 이용해서 꾸며주세요.

6. 4살이 꾸민 김발 액자 그림.

7. 7살이 꾸민 김발 액자 그림.

- 그림을 꾸미기 전에 김발의 촉감을 손으로 만져보면서 느껴보세요.

나이 4~7세
재료 비닐봉지, 찍찍이, 신문지, 가위, 풀

나도 댄싱스타

요즘 TV를 보면 춤이 얼마나 멋진지, 그 모습을 얼핏 본 아이들이 춤을 따라 추더라고요. 아이들이 춤을 출 때 음악에 따라 어떻게 다른 춤이 탄생될지 궁금하지 않으세요? 아이들이 리듬감을 더욱 느껴볼 수 있도록 간단하게 나풀거리는 옷도 함께 만들어볼까요?

비닐봉지를 준비해주세요.

비닐봉지를 접고 접어서 허리 띠처럼 연결해주세요.

찍찍이를 붙여서 연결해주세요.

신문지를 길게 잘라주세요.

비닐봉지로 허리띠 틀을 만들고 신문지를 연결해서 붙여주세요.

아이들이 달고 싶어 하는 만큼 신문지를 달아주세요.

예쁘게 꾸민 옷을 몸에 고정해 볼까요?

음악을 틀어 놓고 신나게 흔들 어보세요.

- 허리띠로 만든 비닐봉지 끝에 찍찍이를 연결해야 아이들 허리에 맞게 조절하고 고정할 수 있답니다.
- 아이들의 점수를 정해 보면서 규칙 있는 게임을 진행해주어도 좋답니다.

나이	3~6세
재료	딸랑이, eva(굵은 종이), 끈, 펀치, 아이스크림 막대 2개, 테이프, 캐릭터 이미지, 글루건

딸랑딸랑 딸랑이

딸랑이는 아이들 돌 전에 사주게 되죠. 아이들이 크면 용품을 버리고는 하는데, 전 딸랑이만 떼어내서 아이들 놀이도구로 만들어주었어요. 끈을 꿰어서 악기로 연주할 수 있도록 활용해주면 좋답니다. 캐릭터 이미지를 오려서 색종이에 붙이기만 해도 멋진 캐릭터 상품으로 변신한답니다.

1. 재료 준비를 해주세요.

2. 종이나 eva 위에 동그라미를 그려주세요.

3. 펀치로 구멍을 뚫어주세요.

4. 끈으로 eva의 구멍을 지그재그로 연결해주세요.

5. 딸랑이를 중앙에 넣어주세요.

6. 아이스크림 막대 2개를 겹쳐서 테이프로 감아주세요.

7. 막대를 중앙에 글루건으로 고정해주세요.

8. 캐릭터 이미지를 붙이면 캐릭터 상품으로 탄생한답니다.

- 3살 정도의 아이들은 끈 꿰기가 조금 어려울 수 있기 때문에 옆에서 잡아주고 천천히 연결해서 실을 꿸 수 있도록 도와주세요.
- 가위로 자르고 남은 종이나 eva로 글자 조각을 만들어서 활용해주면 좋답니다.

나이 3~6세
재료 무늬 색종이, 눈 스티커, 휴지심지, 펠트지, 신문지, 종이 접시, 글루건, 찍찍이

맴맴
매미 트리

여름이 되면 매미소리가 많이 들리죠? 매미의 일생에 대해서 아세요? 매미는 참 불쌍하죠. 몇 년 동안 땅속에 있다가 나무에 올라와 며칠을 울다가 죽죠. 아이들과 자연 관찰 책을 읽으면서 매미에 푹 빠져 있는 아이들을 위해서 매미가 오래 살 수 있는 놀이를 같이 했어요.

무늬 색종이를 준비해주세요.

색종이를 4등분 해주세요.

매미 모양으로 접어주세요.

휴지심지를 펠트지로 감싸주세요.

휴지심지 속에 신문지를 돌돌 말아서 넣어주세요.

펠트지를 고깔 모양으로 만들어주세요.

종이 접시 위에 휴지심지를 붙이고 고깔 모양을 올리면 나무가 완성됩니다.

매미 뒤에 찍찍이를 붙여주세요.

- 매미 트리를 완성해서 숫자놀이를 해주세요. 매미 뒤쪽에 클립을 고정해서 자석으로 잡기놀이를 해도 좋아요.

나이 4~7세
재료 조개 껍데기, 소라 껍데기, 플라스틱 통, 코팅지, 물감, 가위, 장식 재료

바다 액자 꾸미기

바닷가에 가면 볼 수 있는 조개 껍데기를 아이들과 봉지에 담아왔어요. 집에서 무엇으로 활용할까 하다가 아이들이 보았던 바다를 담아보기로 했어요. 파란 바다를 보았지만 아이들이 꾸미고 싶은 바다도 있겠죠. 바다를 예쁘게 꾸며보고 추억을 담아보세요.

1. 플라스틱 통을 준비해주세요.

2. 조개와 소라 껍데기, 코팅지를 준비해주세요.

3. 물감을 플라스틱 통 안에 쭉 짜 주세요.

4. 통을 말려주세요.

5. 코팅지를 준비해서 벗겨주세요.

6. 조개 껍데기와 장식 재료를 준비해주세요.

7. 조개 껍데기와 장식 재료를 플라스틱 통 위에 붙여주세요.

8. 코팅지를 통 위에 씌우고 튀어나온 부분은 가위로 잘라주세요.

- 물감을 손에 짜서 비벼보며 촉감을 느껴보세요. 서로 다른 색의 물감을 뿌려서 손에 꽉 쥐면서 즐겨보세요.

나이 4~6세
재료 못 쓰는 반찬통, 색지, 물감, 풀, 구슬, 종이컵

반찬통 구슬 그림

저희 애들은 구슬을 너무 좋아해요. 어릴 땐 아이들이 삼킬까 봐 겁이 났는데 구슬에 대한 인지가 생기니 손에 쥐어주면 구슬놀이를 하더라고요. 구슬이 지나가는 길도 그림으로 표현할 수 있죠. 신나게 반찬통 속에 넣어서 흔들어보고 스트레스도 풀어볼까요?

1. 반찬통을 준비해주세요.

2. 색지를 준비해서 반찬통 크기에 맞게 그려주세요.

3. 색지를 가위로 잘라서 풀로 붙여주세요.

4. 반찬통과 뚜껑 안쪽에 색지를 끼워주세요.

5. 물감을 종이컵에 짜주세요.

6. 구슬은 흔들어서 물감을 묻힌 후 반찬통 안에 넣어주세요.

7. 뚜껑을 닫고 흔들어주세요.

8. 신나게 흔들고 뚜껑을 열어보면 예쁜 구슬 그림이 나타난답니다.

- 종이를 뚜껑과 통에 붙였기 때문에 흔들면서 물감이 묻은 자국대로 그려진 구슬의 움직임을 볼 수 있답니다. 뚜껑과 통의 그림이 구슬의 움직임에 따라서 다르게 나타나기 때문에 그 모습을 아이들이 느낄 수 있도록 이야기를 해주세요.

나이 5~7세
재료 샤워망, 조개 껍데기, 스펀지, 스케치북, 물감, 클레이, 눈알 장식

샤워망
낚시 그물

샤워할 때 샤워망이 왜 이렇게 자주 떨어지는지 모르겠어요. 아이들과 떨어진 샤워망을 버리기 전에 깨끗이 씻어서 말린 후 놀아주어도 좋을 것 같다는 생각을 했어요. 샤워망을 보고 뭐가 생각나는지 아이들의 다양한 상상력이 가미된 이야기를 들어보아도 좋답니다.

1

조개 껍데기를 씻은 후 타월 위에 올려서 말려주세요.

2

샤워망을 펼쳐서 사각형으로 잘라주세요.

3

샤워망 한쪽을 묶어주세요.

4

스펀지에 물감을 묻혀주세요.

5

스케치북 위에 콕콕콕 바다를 표현하듯이 찍어주세요.

6

클레이로 배를 만들고 바다 친구들도 만들어주세요.

7

샤워망 속에 조개 껍데기를 넣어주세요.

8

스케치북 위에 클레이를 붙이고 샤워망도 배 밑에 붙여서 그림을 완성해주세요.

- 놀이를 하기 전에 샤워망으로 아이들과 이야기를 나누어보세요. 샤워망을 보면 생각나는 건 뭘까? 쭉 잡아당겨보고 샤워망으로 다양한 모양도 만들어보고 그물의 느낌도 느껴보세요.

나이 4~6세
재료 쥐포 용기, 곡류(쌀, 콩 등), 스티커, 글루건, 눈알 장식

소리 나는 물고기

마라카스라고 해서 흔들어서 가지고 놀 수 있는 악기가 있죠. 무엇을 넣느냐에 따라 느낌이 다양하고 소리도 다르죠. 아이들이 좋아하는 물고기 모양의 마라카스를 만들어볼게요. 마라카스뿐만 아니라 물고기의 모양 그대로 살려 알록달록한 물고기 이야기의 연극놀이로 연계해도 좋답니다.

1. 쥐포 용기를 준비해주세요.

2. 용기 윗부분 비닐을 반쯤만 떼어주세요.

3. 비닐 안쪽에 스티커를 붙여주세요.

4. 원하는 곡류를 넣어주세요.

5. 곡류를 흔들어도 빠지지 않도록 글루건으로 고정해주세요.

6. 꾹 눌러서 비닐과 용기를 붙여주세요.

7. 눈알 장식을 붙여주세요.

8. 다양한 곡물이 들어있는 소리나는 물고기 완성.

- 곡류를 다양하게 준비해주세요.
- 흔들어보는 마라카스도 좋고 물고기로 인형극을 해주어도 좋아요.

나이 5~7세
재료 솔방울, 스티로폼 공, 나뭇가지, 눈알 장식, 모루, 글루건, 끈, 종이컵

자연을 담은
솔방울인형

공원이나 길을 걷다보면 솔방울을 볼 수가 있죠. 자연에서 얻는 재료로 아이들과 자연을 느껴보면서 무언가 만들어보는 건 어떨까요? 솔방울 하나만으로도 아이들의 다양한 생각이 담긴 작품이 완성된답니다. 아이들과 함께 창의력을 마음껏 발휘해 볼까요?

솔방울을 준비해주세요.

스티로폼 공 위에 눈알 장식을 붙여주세요.

모루를 잘라서 머리카락을 표현해주세요.

솔방울로 몸을 표현해주세요.

끈을 길게 연결해서 솔방울 몸에 붙여주세요.

종이컵을 양쪽에 놓고 나뭇가지를 글루건으로 고정해주세요.

솔방울인형을 다정하게 의자에 앉아 있는 느낌이 들도록 붙여주세요.

• 만들기를 하면서 좋아하는 친구, 함께 놀고 싶은 친구가 누구인지 아이와 대화를 나눠보세요.

나이 4~7세
재료 양말, 손수건, 장식 재료, 가위, 글루건

양말 한 짝 인형

집에서 양말이 한 짝만 자꾸 사라지죠? 늘 한 짝만 남아서 버리곤 했던 양말을 집에서 아이들의 장난감으로 활용해 보세요. 시중에 파는 손인형을 사려면 1, 2만 원이 훌쩍 넘어요. 굳이 비싼 걸 살 필요가 있나요? 집에서 아이들과 양말인형을 만들어보세요.

양말을 준비해주세요.

양말 입구 쪽을 반만 잘라주세요.

양말 입구를 벌리고 손수건을 펴서 맞대주세요.

글루건으로 붙여주세요.

아이들과 장식 재료로 꾸며주세요.

손에 끼워서 역할극을 해 보세요.

- 글루건으로 고정해야 하므로 아이들이 화상을 입지 않도록 주의하세요. 아이들이 양말인형을 꾸미고 싶은 대로 꾸밀 수 있도록 해주세요. 무좀이 있다면 새 양말을 이용해주세요. 아이들 손에 끼고 노는 인형이니 위생상 조심하는 것이 좋겠죠?

나이 4~7세
재료 양면테이프(마스킹테이프), 스케치북, 가위, 물감, 붓

여백의 미, 물감 그림

스케치북 위에 물감과 크레파스로 다양하게 그림을 그려보세요. 마스킹테이프나 양면테이프 등 붙였다 뗄 수 있는 테이프를 스케치북 위에 마음껏 붙여주세요. 그리고 스케치북에 물감을 칠해주면 테이프를 붙인 곳을 제외한 부분에만 색이 입혀지죠. 테이프를 떼고 나면 여백의 그림도 예쁘고 테이프를 붙인 부분의 그림도 예뻐서 두 가지의 그림을 한군데에 함께 그려볼 수 있답니다.

테이프를 준비해주세요.

테이프를 다양한 길이로 잘라주세요.

테이프를 다양하게 붙여주세요.

물감을 칠해주세요.

테이프를 붙이지 않은 부분에 물감이 입혀지죠.

알록달록하게 여백 부분에 색이 다 입혀졌으면 말려주세요.

테이프를 뜯어주세요.

여백의 그림이 예쁘게 나타났어요.

• 양면테이프보다 마스킹테이프를 사용하면 더욱 부드럽게 뜯어진답니다.

나이 4~7세
재료 허니컴종이, 색종이(흰색), 나무젓가락, 풀, 가위, 눈알 장식, 모루, 스티로폼 공

꼬불꼬불
애벌레

그림자놀이는 참 재미있죠? 손 모양으로 그림자놀이를 하는 것도 가능하지만 아이들이 만지고 놀면서 활용할 수 있도록 애벌레를 만들어서 놀아보니 아이들도 놀이에 더욱 적극적이고 좋아한답니다.

1. 허니컴종이를 준비해주세요.

2. 동그랗게 잘라주세요.

3. 흰색 색종이를 위아래로 붙여주세요.

4. 허니컴종이를 색종이가 맞대도록 돌려주세요.

5. 나무젓가락을 반으로 잘라주세요.

6. 스티로폼 공에 눈알 장식을 붙이고 모루로 더듬이를 표현해주세요.

7. 나무젓가락을 색종이 양쪽으로 붙여주세요.

8. 애벌레가 완성되었어요.

- 젓가락을 옆으로 잡아당겨보세요. 애벌레가 쭉 늘어난답니다.
- 벽 쪽에 애벌레를 대고 형광등을 살짝 가려서 그림자를 만들어 움직여보세요. 애벌레가 기어가는 듯한 움직임을 볼 수 있어요.

나이 5~7세
재료 박스, 색종이, 풀, 가위, 모루, 나무젓가락, 끈, 눈알 장식, 테이프

움직이는 박스인형

아이들 제품을 사다 보면 박스가 많이 나와요. 저 또한 박스를 그냥 버리기도 했지만 아이들이 가지고 놀 수 있는 재료로도 활용이 가능할 것 같더라고요. 그래서 생각난 것이 인형이랍니다. 왠지 입 모양과 닮은 박스를 예쁜 인형으로 꾸며서 놀다 보면 다양하게 놀이를 즐길 수 있답니다.

1. 입구만 살짝 뜯어지는 박스를 준비해주세요.

2. 색종이로 감싸주세요.

3. 모루를 이용해서 머리카락을 표현해주세요.

4. 눈알 장식과 색종이 등 다양한 장식으로 인형을 꾸며주세요.

5. 나무젓가락을 뒤쪽에 붙여주세요.

6. 끈을 뒤쪽 윗부분에 테이프로 고정해주세요.

7. 인형 완성! 입을 벌리고 있는 것 같죠?

8. 한 손은 나무젓가락을 들고 다른 손으로 끈을 잡고 흔들어보세요.

- 다양한 모양의 인형을 만들어서 인형놀이를 하듯 아이들과 동화 구연을 해 보세요. 입이 움직이니 정말로 인형이 말하는 듯한 생생함을 느낄 수 있답니다.

나이 5~7세
재료 스테인드글라스 물감, 면봉, 투명 컵

색이 예쁜
수족관

혹시 성당이나 교회에서 많이 보았던 유리창에 그려진 그림 아니요? 스테인드글라스로 꾸며진 그림인데요, 셀로판지를 댄듯한 빛이 참 예쁘죠. 아이들과 빈 컵을 이용해서 스테인드글라스를 꾸며보고 빛을 비춰보면서 예쁜 색감을 느껴보세요.

스테인드글라스 물감을 준비해 주세요.

투명 컵에 검은색 물감으로 테두리를 그려주세요.

투명 컵에 나만의 그림을 그려주세요.

검은색으로 테두리를 다 그렸다면 이제 색 물감을 짜주세요.

면봉에 살짝 색을 묻혀서 빈 칸을 칠해주세요.

전등에 살짝 비춰보세요.

잘 마르도록 후후 불어주세요.

물에 물감을 풀어서 컵에 담으면 분위기 있는 수족관이 된답니다.

- 아이들이 스스로 그림을 그려 색을 입히고, 빛을 느껴보도록 해주세요.

나이 5~7세
재료 비닐장갑, 전기테이프, 눈알 장식, 물감, 가위

음메 음메 젖소체험

젖소체험 많이들 가시는데요, 체험 한 번을 가려해도 너무 멀어서 솔직히 쉽게 갈 수가 없더라고요. 체험이 좋다는 것은 알지만 상황이 안 될 때도 있기 때문에 집에서 아이들과 체험을 즐겨보았어요. 집에서 더 재미있게 응용하면서 놀 수 있답니다.

1. 비닐장갑을 준비해주세요.	2. 전기테이프를 가위로 잘라주세요.	3. 욕실 벽면에 전기테이프를 연결해서 젖소를 꾸며주세요.
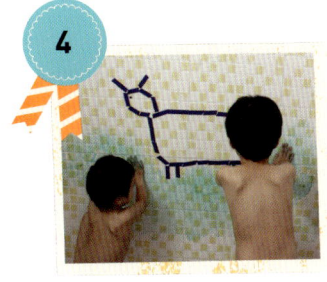		
4. 물감 묻힌 손바닥으로 벽면을 탁탁 치면서 풀을 그려보세요.	5. 눈알 장식도 붙여주세요. 젖소가 목장에서 노는 듯하죠?	6. 비닐장갑을 젖소에 붙여서 테이프로 고정해주세요.

7. 물에 물감을 섞어서 비닐장갑 속에 넣어주세요.	8. 구멍을 살짝 내고 쭉 짜볼까요?	

- 물감을 넣고 비닐장갑에 구멍을 살짝만 내주세요. 너무 구멍이 크면 아이들이 짜는 듯한 느낌을 느끼기보다 물이 한꺼번에 쏟아질 수 있기 때문에 재미를 덜 느낄 수 있어요.
- 물감보다는 날짜 지난 우유를 버리기 전에 쭉 짜주면 더욱 젖소체험 느낌이 나겠죠?

나이 3~6세
재료 캔버스 액자, 아크릴 물감, 붓, 눈알 장식, 연필

캔버스 액자 그림

캔버스 액자로 벽을 장식하면 분위기가 정말 좋죠. 그림을 잘 그려서 작품을 하나둘 모으는 것도 좋지만 저희 아이들은 자신의 생각과 상상을 그림에 담고 싶어 하기에 분위기를 잡고 시간을 내서 만들어주었답니다. 편안한 마음으로 즐기니 아이들도 더 많은 생각을 표현한답니다.

1. 캔버스 액자를 준비해주세요.
2. 아이들이 그리고 싶은 그림을 떠올리도록 유도해주세요.
3. 연필로 스케치를 해주세요.

4. 아크릴 물감을 스케치한 부분에 칠해주세요.
5. 다양한 색으로 알록달록 꾸며주세요.
6. 눈알 장식이나 다른 장식 재료들이 있으면 함께 붙여주세요.

7살이 꾸민 돌고래.

4살이 꾸민 돌고래.

• 캔버스 액자 그림을 아이들 방에 걸면 인테리어 효과로 너무 좋답니다.

나이 5~7세
재료 종이컵, 은색테이프, 눈알 장식, 주름빨대, 글루건, 색종이, 나무 젓가락, 볼펜, 가위

코가 길어 코끼리

동물원에 가면 코끼리는 크기도 크고 코가 길어서 눈에 잘 띄고, 코로 냠냠 풀을 먹는 모습이 신기해서 아이들이 참 좋아하죠. 코끼리의 특징을 살려 코로 놀 수 있는 놀이 및 코끼리의 특징을 많이 알 수 있는 놀이를 했어요. 코끼리와 재미있는 놀이 세상으로 떠나볼까요?

1. 종이컵에 구멍을 뚫어주세요.
2. 주름이 있는 빨대를 준비해주세요.
3. 빨대 길이를 조절해서 종이컵에 글루건으로 고정해주세요.

4. 은색테이프로 종이컵을 감싸주세요.
5. 코끼리 책을 펼쳐 특징을 보고 이야기해 보세요.
6. 책에서 본 큰 귀와 상아의 특징을 살려서 꾸며주세요.

7. 코끼리 친구 완성.
8. 통을 준비해서 코끼리를 잡고 물을 부어보면서 즐겨주세요.

- 주름빨대를 사용하면 빨대의 꺾이는 방향에 따라서 물의 흐르는 방향도 바뀐답니다.
- 위로 올렸다가 밑으로 내렸다가 물놀이를 할 때도 재미있게 즐길 수 있답니다.

나이 3~6세
재료 신문지, 휴지심지, 물감, 비닐봉지, 전지, 테이프, 스티로폼 공

물감공 굴리기

물감놀이는 활용 방법이 참 많아요. 아이들과 공이 어디로 굴러갈지 궁금해하며 호기심을 키워주세요. 힘을 조절해서 공을 연결해 굴려보면서 물감놀이에 대한 흥미를 높여도 좋아요.

1. 신문지를 돌돌돌 말아주세요.

2. 휴지심지 중앙에 구멍을 내고 신문지를 끼워주세요.

3. 두꺼운 종이로 휴지심지 양쪽 구멍을 막아주세요.

4. 아이들의 놀이용품 완성.

5. 전지를 거실에 펼쳐주세요.

6. 신문지를 접어서 전지 바깥쪽으로 벽을 쌓듯이 붙여주세요.

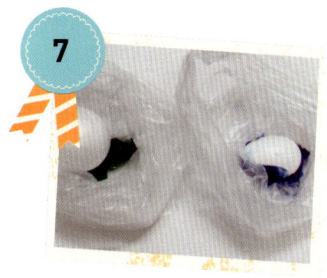

7. 비닐봉지에 물감을 짜고 스티로폼 공을 넣어주세요.

8. 공놀이를 해 봐요. 어디로 공을 굴리면서 그림을 그려볼까요?

- 아이들이 힘 조절을 하면서 공을 굴리도록 유도해주세요.
- 물감을 짠 비닐봉지에 스티로폼 공을 넣고 조물딱 조물딱 만져주면 물감이 손에 안 묻어요.
- 젓가락으로 공을 잡아서 전지 위에 올려주어도 좋아요.

나이 4~7세
재료 테이프심지, 나무젓가락, 종이, 글루건, 잡곡, 캐릭터 이미지, 테이프, 가위, 스티로폼 공

곡식 마라카스 만들기

마라카스는 아이들 영유아기 때 많이들 사주시죠? 소리도 예쁘고 흔들면서 손 운동도 되고 리듬감도 느낄 수 있죠. 아이들과 집에서 큼직한 마라카스를 만들어서 놀아보았어요. 크기가 각기 다른 잡곡을 넣어서 여러 가지 소리가 들린답니다. 아이들이 만든 마라카스에서는 어떤 소리가 날까요?

1. 테이프심지를 준비해주세요.

2. 테이프심지 양쪽을 막을 종이 2장을 잘라주세요.

3. 나무젓가락은 테이프로 감아주세요.

4. 테이프심지는 캐릭터 이미지로 감싸주세요.

5. 종이 중심에 젓가락을 꽂고 테이프심지에 붙여주세요.

6. 잡곡을 넣어주세요.

7. 잡곡을 넣고 나머지 면도 종이로 막아주세요.

8. 튀어나온 젓가락 위쪽에 스티로폼 공을 붙여서 아이들이 찔리지 않도록 막아주세요.

- 잡곡을 여러 종류로 준비해서 마라카스를 만들어 흔들어보세요. 잡곡의 소리도 다양하게 듣고 아이들이 마이크처럼 쥐고 흔들면서 노래 부르고 춤도 추고, 저절로 움직이게 된답니다.

나이 4~7세
재료 박스, 색종이, 스티커, 바퀴, 빨대, 테이프, 우유갑 2개, 철심

내가 만드는
붕붕 트럭

아이들이 자동차를 정말 좋아해요. 자동차를 아이들과 만들어보고 아이들이 만든 자동차의 쓰임새를 알아보고, 하나의 역할만 할 수 있는 자동차보다 구조성이 낮은 자동차로 아이들이 직접 재료를 가지고 만들어 보는 게 활용도가 높답니다. 아이들의 다양한 상상력을 담아보세요.

박스를 준비해주세요.

자동차 바퀴를 준비해주세요.

굵은 빨대를 박스 아래쪽에 붙여주세요.

우유갑 2개의 입구를 막고 크기를 조절해서 붙여주세요.

색종이를 붙여서 꾸며주세요.

스티커를 이용해서 눈을 붙여주면 좋아요.

빨대에 철심과 바퀴를 연결해주세요.

트럭 완성!

- 바퀴를 연결할 때 철심이 작다면 2개를 연결해서 붙여주세요.

나이 5~7세
재료 의류 광고지, 스케치북, 풀, 가위

패션디자이너 되어보기

아이들과 옷을 사러 갔다가 의류 광고지를 보게 되었어요. 요즘 유행하는 스타일이 자신과 안 맞는 스타일일 수도 있을 테고, 아이들이 입고 싶어 하는 스타일이 따로 있을 수도 있겠죠? 아이들과 스타일을 완성하는 패션디자이너가 돼볼까요?

1. 의류 광고지를 준비해주세요.

2. 가위로 옷과 사람 등을 잘라주세요.

3. 다양하게 준비해주세요.

4. 자른 것을 풀로 스케치북 위에 붙여주세요.

5. 아이들이 꾸밀 수 있도록 해주세요.

6. 그냥 꾸며도 좋고 여러 스타일을 이어 붙여도 좋아요.

7. 올해 스타일 완성! 대박 예감이 죠?

- 아이들과 꾸미면서 스타일에 대해서 이야기를 해 보세요. 이야기를 나누어보면 아이들의 다양한 생각을 들을 수 있답니다.

나이 3~5세
재료 긴 박스, 신문지, 낚시놀이 장난감, 테이프

조심조심 징검다리

재활용품을 버릴 때가 되면 박스를 버리기가 가장 힘들더라고요. 그러다가 박스를 버리기 전에 아이들과 놀아줄 수 있는 방법이 생각났어요. 징검다리에서 떨어지지 않으려 버티면서 신체조절력이 생기고, 숫자놀이를 하면서 아이들이 수학에 흥미를 느끼게 돼요.

1. 박스를 준비해주세요.

2. 신문지로 속을 채우고 테이프로 단단히 붙여주세요.

3. 한 발짝 한 발짝 떨어지지 않게 건너보세요.

4. 어린아이는 두 손을 잡고 천천히 건너도록 도움을 주세요.

5. 책을 머리에 올려놓고 살금살금 걸어보세요.

6. 낚시놀이 장난감이 있다면 징검다리 밑에 놓아주세요.

7. 징검다리 위를 살금살금 걸어가서 낚시놀이를 합니다.

8. 몇 마리씩 잡았는지 아이들과 숫자놀이도 해 보세요.

- 박스 속이 비어 있다면 아이들이 건널 때 빠지기 쉬우니 책이나 신문지로 속을 채워주시면 좋아요.
- 아이 스스로 건너고 싶어 한다면 흔들리지 않게 박스를 잘 잡아주세요.

나이 5~7세
재료 풀피리, 색종이, 신문지, 글루건, 스티커, 가위

룰루랄라
하모니카

언젠가 하모니카 연주하는 것을 보았는데 너무 멋진 거예요. 하모니카는 구멍마다 소리가 다르게 나죠. 하모니카의 다양한 소리를 표현하려고 풀피리의 굵기에 따라 다른 소리가 나는 점을 살려서 응용해 보았어요. 아이들만의 하모니카를 만들어보세요. 아이들은 어떻게 연주할까요?

1. 풀피리를 소, 중, 대 크기별로 준비해주세요.

2. 신문지에 감싸서 돌돌돌 말아 주세요.

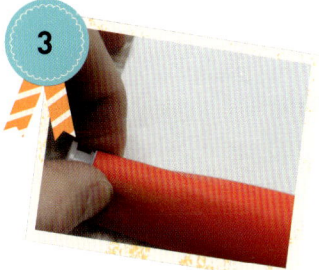

3. 색종이로 감싸주세요.

4. 풀피리를 크기별로 감싸거나 개수를 늘려 감싸도 좋아요.

5. 풀피리 완성!

6. 스티커를 이용해서 좀 더 꾸밀 수 있도록 해주세요.

7. 아이들의 손을 거치니 더 예쁜 하모니카가 되었죠?

8. 후후 불어주세요.

- 하모니카를 불면 소근육이 발달한답니다.
- 풀피리 크기에 따라 소리가 다르게 난답니다. 아이들이 각기 다른 풀피리 소리를 듣고 느껴 보도록 해주세요.

나이 5~7세
재료 찹쌀, 소금 조금, 뜨거운 물, 대추, 쑥갓

쫀득한 화전 만들기

우리의 전통음식들이 건강에도 좋고 참 맛있는데 요즘은 아이들이 햄버거, 피자 등에 지나치게 많이 노출되어 있지요. 아이들이 색소로 향을 낸 음식보다 우리 전통음식의 아름다움과 맛을 느낄 수 있도록 함께 요리하며 오감놀이를 해 보았어요.

1. 찹쌀을 준비해주세요.
2. 대추는 씨를 빼고 펴준 후에 돌돌 말아주세요.
3. 찹쌀에 소금으로 간을 하고 뜨거운 물로 익반죽해주세요.

4. 반죽을 동그랗게 빚은 후 펴주세요.
5. 쑥갓과 돌돌 말린 대추로 예쁘게 꾸며주세요.
6. 프라이팬에 앞뒤로 구워주세요.

7. 화전을 구운 후에 아이들과 냠냠 먹으면 좋겠죠?

- 우리의 전통음식에 대한 책을 읽어주세요.
- 대추를 펴서 돌돌 만 뒤 잘라보면 꽃 모양이 나와요. 봄에는 진달래를 이용해서 예쁜 꽃으로 화전을 만들어도 좋답니다.

131

나이 4~7세
재료 박스종이, 반구형 뚜껑, 자석, 철가루, 색연필, 가위, 글루건

철가루
자석 마술

자석은 묘한 매력이 있죠. 아이들도 N극과 S극이 서로 당기고 밀어내는 성질을 좋아하는데요, 철가루가 자석을 따라서 움직이는 마술로 놀아볼게요. 자석의 성질을 배울 수 있는 과학놀이와도 연계가 된답니다.

철가루를 준비해주세요.

빨대 구멍이 없는 투명한 뚜껑을 준비해주세요.

박스종이 위에 뚜껑 모양을 그려주세요.

박스를 자르고 색연필로 아이들만의 그림으로 꾸며주세요.

철가루를 살짝 올려주세요.

색연필로 꾸민 종이와 뚜껑을 글루건으로 붙여주세요.

자석을 이용해서 철가루를 이동시켜볼까요?

철가루가 자석을 따라 그림을 보여줬다가 가렸다가 하며 이동하는 모습을 볼 수 있어요.

- 막대자석, 말굽자석 등 자석의 모양도 다양하죠? 아이들에게 다양한 자석을 가지고 노는 경험을 하게 해주세요.

나이 3~5세
재료 플라스틱 통, 고무줄, 못, 펜치, 펠트지, 글루건, 고무줄

엉금엉금 거북이

봄에 딸기를 사게 되면 딸기가 서로 부딪혀서 상하지 않도록 빨간 플라스틱 통에 주죠. 쌓이다 보니 그냥 버리기에는 아까워서 놀이에 활용해 보았어요. 그래서 생각한 것이 바로 인간거북이 만들기입니다. 오늘은 엉금엉금 거북이가 되어보고 아이들과 토끼와 거북이 역할극도 해 보세요.

1. 고무줄과 플라스틱 통을 준비해주세요.
2. 펜치와 못을 준비해서 못에 열을 가해 달궈주세요.
3. 플라스틱 통 끝을 달군 못으로 녹여서 구멍을 2개 내주세요.

4. 반대편에도 구멍을 2개 뚫고, 고무줄로 이어서 묶어주세요.
5. 펠트지로 거북이의 등껍질을 상상하면서 꾸며주세요.
6. 고무줄을 양팔에 끼워보세요.

7. 엉금엉금 거북이 완성.
8. 거북이처럼 놀아볼까요?

- 거북이가 등장하는 동화책을 꺼내서 활용해도 좋고, 거북이의 특징을 살려서 거북이의 삶을 표현해 보아도 좋습니다. 거북이에 대해 더욱더 알아갈 수 있는 학습으로 이어진답니다.
- 달군 못으로 구멍을 뚫을 때는 위험하니 꼭 엄마가 해주고, 펜치를 힘 있게 잡아주세요.

나이 3~4세
재료 동그란 플라스틱 통, 나무젓가락, 스티로폼 공, 콩

소리가 나는 북

큰북을 울려라 둥둥둥. 작은북을 울려라 동동동. 어릴 때 뭐든지 두들겨보면서 놀았던 기억이 나요. 청각 자극도 되면서 아이들의 소근육 발달에까지 많은 도움이 되죠. 일상생활에서 그릇, 냄비 등을 아이들이 자유롭게 가지고 놀 수 있게 해주세요.

스티로폼 공을 준비해주세요.

나무젓가락을 준비해주세요.

나무젓가락을 스티로폼 공에 꽂아주세요.

투명한 통에 콩이나 잡곡을 넣어주세요.

뚜껑을 닫은 뒤에 흔들어서 소리를 느껴보세요.

3번에서 만든 북채로 아이들이 두들겨보게 해주세요.

힘의 세기에 따라서 콩이 튀어오르는 소리의 울림이 다르죠.

소리 나는 북 완성!

- 빈 통에 스티커를 붙여서 북을 꾸며도 좋고, 빈 통이 따로 없으면 반찬 용기를 꺼내서 북을 만들어도 좋아요.

나이 3~4세
재료 클레이, 조개 껍데기, 곡류

상상의 바다 꾸미기

주위를 둘러보면 발견할 수 있는 자연물을 그냥 보고 느끼는 데서 그치지 말고 나만의 작품들로 만들어보세요. 아이들의 상상이 그림으로 나타나도록 해주세요.

필요한 자연물을 준비해주세요. 나뭇잎 등을 준비해도 좋아요.

자연 그대로의 느낌을 느껴보세요.

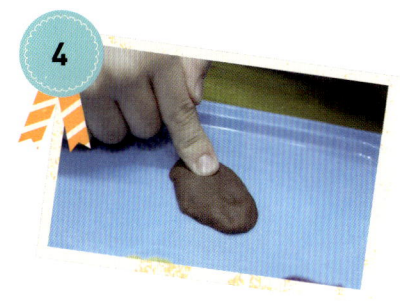

클레이를 준비해주세요.

조물딱 조물딱 아이들과 클레이로 반죽을 해주세요.

조개 껍데기를 올려주기만 해도 다양한 작품들이 나와요.

아이들이 생각한 주제로 꾸민 상상의 바다. 오징어, 게, 달팽이 불가사리 등을 만들어보세요.

- 조개, 소라 등 음식을 해먹고 난 후에 껍데기만 깨끗이 씻어 말려서 사용하면 된답니다.

나이 4~6세
재료 가리비, 물감, 글루건, 휴지, 붓

진주를 품은 조개

진주는 참 예쁘죠! 아이들이 아직은 진주에 대해서 잘 모르지만 책을 통해서 보물에 대한 이야기를 해주면 놀라더라고요. 조개하면 조갯살만 생각했는데 진주가 생긴다는 것은 아이들에게도 신기할 테니까요. 그 신기함을 알고 나서 아이들과 진주를 만들어보세요!

가리비를 씻어서 말려주세요.

글루건으로 다시 원래 모양대로 붙여주세요.

가리비의 입을 벌려서 고정해주세요.

가리비를 물감으로 칠해주세요.

휴지를 돌돌 말아서 진주처럼 둥글게 만들고 아이들이 원하는 색으로 입혀주세요.

진주를 품은 조개 완성.

• 마트에서 조개류를 사먹고 난 후에 깨끗하게 씻고 말려서 다양한 조개를 만들어보세요.

동물소리를 맞춰봐	뚝딱뚝딱 벽시계	부릉부릉 자동차	생활 속 과학 지렛대 원리
아슬아슬 림보게임	알록달록 색깔바다	잠수경으로 바다 보물 찾기	엄마 캥거루가 되어보자
한글 멀리뛰기	소고 딸랑이	캐릭터 캐리어가방	꿀꿀 돼지인형 만들기
스타일 완성 모자	알록달록 실로폰	알록달록 망원경	빨대로 만드는 모빌
물이 졸졸졸 물뿌리개	박스썰매 타기	한지그릇 만들기	
밀가루 풀 미끄럼틀	양면 비닐 그림	열기구 타고 날아가 볼까	
솔솔 밀가루 눈이 내려요	달걀로 양치 실험하기	딸랑딸랑 현관 종 만들기	
구슬 미로게임	거미가 줄을 탑니다	협동 그물공 튕기기	

part 03

오감을 깨워주는
특별 놀이 28

나이 3~7세
재료 플라스틱 음료병(소), 두꺼운 박스, 동물 이미지, 칼, 동물소리 벨, 색종이, 글루건

동물소리를 맞춰봐

어릴 때 아이들이 가지고 놀았던 소리 나는 책을 두 돌 이후부터는 교구로 재활용해주면 좋아요. 아이의 색 인지가 늦으면 색 인지 놀이도구로 활용해주고 청각 기능을 발달시키고 싶다면 동물소리를 듣고서 찾게 하고, 뚜껑을 돌리면서 소근육 발달을 돕는 것도 좋아요.

1. 플라스틱 음료병을 준비합니다.

2. 씻어서 말려주세요.

3. 비닐을 벗겨주세요.

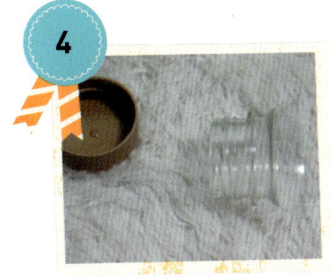

4. 칼로 위쪽만 남도록 잘라주세요.

5. 박스에 동물소리 벨을 붙여주세요.

6. 뚜껑에 동물소리에 맞는 동물 이미지를 붙여주세요.

7. 뚜껑 위에 알록달록하게 색종이를 붙여주세요.

8. 동물소리가 나는 엄마표 교구 완성.

- 뚜껑을 바닥에 놓고 동물소리 벨을 눌러서 어떤 동물인지 맞춘 후 뚜껑을 꽂아주면 돼요. 6세 이후 아이들이라면 손가락으로 두 개의 벨을 눌러서 2~3가지 소리를 분리할 수 있는 능력을 키워주면 좋겠죠?
- 동물소리가 나는 벨은 인터넷에서 3~4천 원에 10개를 팔아요. 집에서 뚝딱거리며 아이들의 발달 단계에 맞게끔 만들어주면 좋아요.

나이 3~6
재료 신문지, 우유갑, 칼, 글루건, 포장지, 부착형 벽옷걸이

아슬아슬
림보게임

신나는 림보게임을 즐겨볼까요? 단계를 낮춰가면서 몸의 유연성을 테스트하기 좋고, 아슬아슬 단계에 따라서 긴장감도 느낄 수 있는 림보게임입니다. 아이들의 눈높이에 맞춰서 부딪혀도 다치지 않도록 우유갑과 신문지를 이용해서 만들었기 때문에 안전하게 즐길 수 있답니다.

1. 우유갑을 준비해주세요.
2. 신문지를 구겨서 우유갑 속에 넣어주세요.
3. 중앙에 다른 우유갑을 끼울 수 있는 크기로 구멍을 내주세요.

4. 2번의 우유갑을 3번의 받침 부분에 끼워주세요.
5. 림보의 길이를 조절해주세요.
6. 포장지로 감싸주세요.

7. 돌돌 말린 신문지를 부착형 벽 옷걸이에 걸쳐주면 됩니다.
8. 림보 완성.

- 라이터로 녹여서 벽에 붙이는 부착형 벽옷걸이를 준비해서 림보 막대를 양쪽으로 걸어주면 된답니다.
- 아이들과 게임 규칙을 정한 후에 놀아주세요.

나이 3~5세
재료 종이, 물풀, 팔레트, 비닐, 스카치테이프, 보드칠판, 펜 매트

한글 멀리뛰기

어릴 때 멀리뛰기를 많이 했었는데 요즘엔 힘껏 뛰고 싶어도 생각만큼 잘 안 되네요. 우리 아이들은 토끼처럼 잘 뛸 수 있을까요? 한글을 시작했다면 한글 공부에 도움이 될 수 있도록 글자판을 만들어서 발로 콩콩 찍어보는 것도 좋아요. 수학놀이, 한글놀이, 퀴즈 등으로 연계해서 놀아줄 수 있답니다.

1. 4등분으로 자른 종이 여러 장을 준비해주세요.
2. 아이들과 글자를 한 자씩 종이 위에 펜으로 적어주세요.
3. 비닐을 매트 위에 붙여주세요.

4. 물풀을 팔레트에 쭉 짜주세요.
5. 글자를 쓴 종이를 매트 위에 펼쳐주세요.
6. '별명은?', '이름은?' 등으로 주제를 마음대로 정해주세요.

7. 팔레트 위에 발을 대고 발바닥에 물풀을 묻혀주세요.
8. 신나게 뛰어볼까요?
9. 글자를 보드칠판 위에 붙여주세요.

- 물풀을 발바닥에 묻히고 멀리뛰기를 한 후에 누가 더 많이 종이를 붙이는지 시합을 하듯이 즐겨주세요. 아이들의 발바닥 움직이는 소리가 커진답니다.
- 주제를 정했다면 멀리뛰기를 한 후에 발바닥에 붙은 종이를 하나씩 보드칠판에 붙여보면 재미있는 글자 조합이 나타난답니다.

나이 4~7세
재료 테이프, 박스종이, 신문지, 가위

스타일
완성 모자

뜨거운 햇빛을 막아주기도 하지만 스타일의 완성으로 모자를 쓰는 것도 정말 좋죠? 모자를 쓰기 싫어하는 아이들도 많은데, 집에서 아이들이 좋아하는 캐릭터 모자를 직접 만들어보면 아마 아이들도 모자를 좋아하게 될 거예요.

1. 박스종이를 위와 같은 모양으로 준비해주세요.
2. 아이들 머리둘레에 맞는지 머리에 써보세요.
3. 틀이 잡혔으면 가위로 잘라주세요.

4. 테이프로 고정을 해주세요.
5. 안쪽도 고정을 해주세요.
6. 아이들이 좋아하는 테이프를 붙여주세요.

7. 모자 완성.

• 아이들이 좋아하는 캐릭터 이미지를 출력해서 꾸며주면 더욱 멋지겠죠?

나이 3~7세
재료 우유 통 2개, 아크릴 물감, 끈, 연필, 글루건, 붓, 칼

물이 졸졸졸
물뿌리개

아이들과 텃밭을 만들고 있어요. 텃밭을 꾸밀 때, 시중에서 물뿌리개를 쉽게 구할 수 있지만 사지 말고 아이들과 집에서 만들어서 활용해 보세요. 같이 만든 물뿌리개를 쓰다 보면 아이들이 물건의 소중함을 더욱 잘 느낄 수 있답니다.

1. 우유 통 2개를 준비해주세요.

2. 물 나오는 부분 위치에 동그랗게 표시한 후 잘라주세요.

3. 다른 우유 통의 손잡이를 잘라주세요.

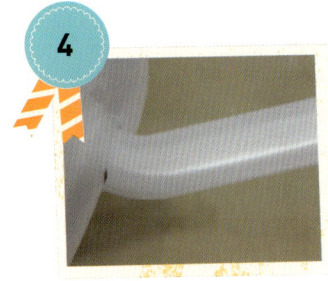

4. 2번 구멍에 3번의 손잡이를 글루건으로 붙여서 끼워주세요.

5. 우유 통을 아크릴 물감으로 색칠해주세요.

6. 끈으로 꾸며주세요.

7. 그림을 그려도 좋아요.

8. 물뿌리개 완성.

9. 텃밭에 물을 주세요.

• 아이들이 좋아하는 그림을 그려서 꾸며주면 더욱 좋겠죠?

나이 4~6세
재료 비닐, 널빤지, 밀가루 풀

밀가루 풀
미끄럼틀

아이들이 미끄럼틀을 참 좋아하죠? 미끌미끌 미끄럼틀을 슝 타면서 스릴도 느낄 수 있어요. 아이들과 집에서 밀가루 풀을 이용해서 자연스럽게 미끌거림을 느껴보세요. 촉각, 신체 감각 등을 다양하게 기를 수 있답니다.

1. 비닐을 깔아주세요.
2. 널빤지를 펴거나 널빤지가 없으면 책상을 이용해주세요.
3. 널빤지 위에서 미끄럼틀을 타보세요.

4. 밀가루 풀을 만들어서 부어주세요.
5. 손으로 밀가루 풀을 널빤지 위에 바르며 촉감을 느껴봅니다.
6. 골고루 널빤지에 펴주세요.

7. 위에 올라가서 서로 차례를 지키며 미끄럼틀을 타보세요.

• 어린아이들은 엄마가 잡아주면서 미끄럼틀을 탈 수 있도록 해주세요.

나이 3~4세
재료 밀가루, 화분받침 2장, 밀가루, 콩, 젓가락, 가위, 글루건, 칼, 종이컵

솔솔 밀가루 눈이 내려요

아이들과 집에서 눈놀이를 해 볼까요? 밀가루를 만져보면 눈처럼 하얗죠. 밀가루를 곱게 체에 쳐서 눈처럼 내리는 모습도 보고 콩을 넣어서 골라 보기도 하고, 밀가루 눈 위에 그림도 그려보면서 다양하게 아이들이 놀 수 있도록 해주세요.

1. 화분받침을 준비해주세요.

2. 종이컵 밑을 자르고 화분받침을 구멍에 맞게 잘라주세요.

3. 글루건으로 붙여주세요.

4. 화분받침 2장을 겹쳐서 붙여주세요.

5. 밀가루에 콩을 섞어주세요.

6. 젓가락으로 콩을 분류해주세요.

7. 종이컵 속에 밀가루와 콩을 섞어서 넣은 후에 통통통 종이컵을 쳐주세요.

8. 하얗게 뿌려진 밀가루를 발로 밟아보세요.

9. 손으로 그림을 그려보세요.

- 손과 발로 마구 밀가루 위에서 놀아주세요. 온몸으로 느껴봐도 좋겠죠. 젓가락으로 분류 작업하는 것보다 종이컵을 활용해서 콩을 분류해주는 것이 편리하다는 것도 느껴보세요.

나이 5~7세
재료 선물용 빵 케이스, 신문지, 칼, 구슬, 테이프, 코팅지, 글루건

구슬
미로게임

미로게임은 언제 해도 재미있죠? 저도 미로게임 책을 자주 사주었는데 이번엔 아이들과 흔들고 놀아볼 수 있는 형식으로 만들어주었어요. 아슬아슬 빠질 듯 말 듯 구슬을 양쪽으로 움직여서 조절하면서 가지고 놀 수 있도록 해주세요.

선물용 빵 케이스를 준비해주세요.

케이스 안쪽에 구멍을 여러 군데 뚫어주세요.

신문지를 2~3번 얇게 접어주세요.

케이스 뒤쪽 사이에 신문지를 끼워주세요.

자, 이렇게 고정이 되었죠.

코팅지를 준비해주세요.

구슬을 넣었다 뺐다 할 부분만 빼고 코팅지를 글루건으로 고정해주세요.

구슬을 넣어서 아이들과 놀아주세요.

- 구슬이 잘 굴러가도록 조절하면서 케이스를 움직이도록 해주세요.

나이 4~6세
재료 플라스틱 용기, 시계 부품, 아크릴 물감, 스티커, 리본 끈, 장식 재료, 붓

똑딱똑딱 벽시계

아이들이 유아 때 시계 공부를 하게 되죠. 숫자에 대한 관심도 많아지고요. 숫자만 나와 있는 전자시계보다 아이들이 시간을 잘 배울 수 있도록 똑딱똑딱 시침, 분침, 초침이 있는 시계를 만들고 아이들과 시간 공부를 하며 숫자 공부도 해 보세요.

1. 플라스틱 용기를 준비해주세요.
2. 시계 부품을 준비해주세요.
3. 아크릴 물감으로 원하는 색을 칠해주세요.

4. 조심히 말려주세요.
5. 스티커를 붙이며 예쁘게 꾸며주세요.
6. 다른 장식 재료가 있으면 꾸며주세요.

7. 리본 끈으로 테두리를 깔끔하게 정리해주세요.
8. 시침, 분침, 초침을 달아주세요.
9. 건전지를 끼워서 시간을 맞춰주세요. 인테리어 효과를 내기도 좋죠.

- 시중에 파는 시계도 예쁘지만 아이들과 꾸민 똑딱똑딱 벽시계가 더 재미있어요.

나이 5~7세
재료 지퍼팩, 나무젓가락, 박스, 칼, 테이프, 스티커, 시트지, 셀로판지, 글루건

알록달록
색깔바다

스케치북 위에 펼쳐진 파란 바다도 좋지만 아이들이 직접 색 혼합을 해 보면서 꾸미는 입체적인 바다는 어떨까요? 알록달록하게 변화를 주면서 꾸며보면 파란 바다보다 더 멋진 바다색이 탄생할 거예요. 아이들이 꾸민 바다 속으로 풍덩 빠져보세요.

1. 박스 위쪽에 네모난 구멍을 뚫어주세요.
2. 지퍼팩이 들어갈 구멍을 옆면에 3~4개 만들어주세요.
3. 시트지로 예쁘게 꾸며주세요.

4. 여러 색깔의 셀로판지를 준비해서 지퍼팩 위에 붙여주세요.
5. 나무젓가락을 벌려 지퍼팩 위에 글루건으로 고정해주세요.
6. 투명 지퍼팩에 물고기 스티커를 붙여주세요.

7. 스티커를 붙인 지퍼팩을 2번의 구멍 뚫린 자리에 넣어주세요.
8. 셀로판지를 붙인 여러 색의 지퍼팩들을 하나씩 넣어주세요.
9. 셀로판지를 다양하게 섞어보면서 색을 비교해 보세요.

- 색색의 셀로판지를 지퍼팩에 넣을 때마다 바다의 색이 변한답니다.
 (ex. 파랑+빨강=보라, 빨강+노랑=주황)

나이 3~7세
재료 일회용 그릇, 다 쓴 펜대, 글루건, 펀치, 구슬, 실, 모루, 끈

소고
딸랑이

민속놀이 하면 소고를 빼놓을 수 없죠. 어릴 때 학교 운동회가 되면 소고놀이를 했던 기억이 나는데 아이들과 놀다 보면 그때 그 추억이 새록새록 돋아나는 것 같아요. 어릴 때 좋아했던 소고놀이의 추억을 아이들과 함께 재현해 볼까요?

1. 다 쓴 펜대를 준비해주세요.

2. 일회용 그릇 2개를 합쳐서 양쪽으로 하나씩 구멍을 뚫어주세요.

3. 펜대에 모루를 말아주세요.

4. 모루로 말아놓으면 폭신해서 손잡이가 부드러워져요.

5. 일회용 그릇과 손잡이 부분을 글루건으로 붙여주세요.

6. 글루건으로 그릇들을 꼼꼼하게 붙여주세요.

7. 구멍 뚫린 구슬을 준비해주세요.

8. 끈에 구슬을 꿰어서 2번 구멍에 묶어주세요.

9. 아이들과 그림을 그려서 소고를 꾸며주세요.

- 그냥 소고를 만들어주어도 좋지만 그 위에 아이들의 흔적이 담긴 그림을 그린다면 아이들이 직접 만들었다는 자부심을 더욱 느낀답니다. 아이들과의 추억이 조금이라도 더 담겨 있는 소고 딸랑이가 예쁘죠.

나이 4~7세
재료 휴지심지 2~4개, 병뚜껑, 색종이, 가위, 풀, 글루건, 장식 재료, 칼

알록달록
실로폰

다양한 소리가 나는 실로폰, 아이들과 어떻게 만들어볼까요? 실로폰으로 열심히 연주를 하고 병뚜껑에서 나는 소리도 한번 들어보면 좋겠죠? 좀 더 꾸미고 싶다면 아이들만의 스타일대로 꾸며주세요.

1. 휴지심지 위에 병뚜껑 크기로 원을 그려주세요.
2. 구멍을 뚫은 후에 병뚜껑을 꽂아주세요.
3. 휴지심지의 길이를 다르게 해주세요.

4. 색종이를 휴지심지에 말아주세요.
5. 병뚜껑을 끼울 부분까지 색종이로 감싸서 꾸며주세요.
6. 휴지심지를 크기별로 붙여주세요.

7. 아이들과 연주를 시작해 볼까요?

- 휴지심지 위에 병뚜껑을 꼭 맞게 끼워주세요. 병뚜껑 꽂을 부분은 색종이로 꾸밀 때 X자로 잘라서 안쪽으로 붙여주면 된답니다.

나이 3~4세
재료 박스, 끈, 부직포, 포장지, 가위, 테이프, 캐릭터 이미지

박스썰매 타기

아이들은 택배 박스만 오면 안에 들어가려고 해요. 자신들만의 공간이 좋은가봐요. 박스를 제대로 활용해서 논다면 아이들이 더 즐거워하겠죠. 아이들을 태우고 박스를 끌어보세요.

1
아이들이 들어갈 수 있는 박스를 준비해주세요.

2
마주보는 박스 위쪽 날개 2개를 반으로 접어주세요.

3
부직포를 붙여주세요.

4
구멍을 뚫어서 끈을 통과시켜 주세요.

5
나머지 박스 날개들은 가위로 잘라주세요.

6
박스 밑바닥에 부직포를 붙여 주세요.

7
캐릭터 이미지를 붙여서 꾸며도 좋아요.

8
이제 끌어볼까요?

- 아이를 안아봤을 때와 썰매를 끌었을 때 드는 힘의 차이를 느껴보세요. 힘이 분산되어서 썰매를 끌어 이동하는 것이 더 편안해요. 유모차나 아기 띠의 원리를 아이들과 함께 이야기해 보세요.

나이 3~6세
재료 비닐, 테이프, 물감, 붓, 신문지, 팔레트

양면
비닐 그림

보통 앉아서 그림을 그리고는 하죠. 서서 투명한 비닐에 자신의 그림뿐만 아니라 반대편에 보이는 상대방의 그림도 함께 감상하면서 그림을 그려보면 어떨까요? 또 서로 다른 그림이 합쳐 보이는 것은 어떤 느낌일까요? 멋진 작품 만들어 봐요.

1. 비닐을 준비해서 천장에 테이프로 붙여주세요.

2. 신문지를 바닥에 펴주세요.

3. 물감을 준비해서 팔레트에 짜주세요.

4. 비닐 위에 그림을 그려볼까요?

5. 서로 반대편에 서서 그림을 그립니다.

6. 그림 완성!

- 아이들과 그림을 그리다 보면 고정된 비닐이 아니라서 힘 조절이 쉽지는 않지만 서서 비닐에 그림을 그려보는 색다른 기분을 느낄 수 있어요.
- 그림을 그린 후 한쪽에서 보면 양쪽에 그려진 그림이 어우러져 보인답니다. 아이들과 함께 감상해 보세요.

나이 3~4세
재료 달걀, 칫솔, 치약, 커피(또는 콜라), 컵

달걀로 양치 실험하기

단 음식들에 노출되어 있는 아이들이 치아 관리를 스스로 할 수 있게 실험을 통해서 보여준다면 많은 것을 배우고 느낀답니다. 달걀 실험은 과학적인 방법이 아닌 칫솔에 의해서 달걀 겉이 살짝이 벗겨지는 활동이니 안전하답니다.

1. 달걀을 삶아서 준비해주세요.

2. 커피나 콜라를 준비해주세요.

3. 커피에 껍질을 벗긴 삶은 달걀을 넣어주세요.

4. 3분 뒤 달걀을 꺼내주세요.

5. 기존에 삶아놓은 다른 달걀이랑 색을 비교해 보세요.

6. 칫솔에 치약을 짜주세요.

7. 치카치카 양치를 해 볼까요?

8. 양치한 부분이 하얗게 표가 나죠.

9. 까맣던 달걀이 양치를 하고 나니 깨끗해졌어요.

- 삶은 달걀을 넉넉하게 준비해주세요. 아이들이 스스로 껍질을 벗기면서 소근육 발달이 돼요.
- 양치질을 너무 세게 하면 달걀이 상처를 심하게 입으니 살살 문질러주세요.
- 간장은 냄새가 너무 강하니 피해주세요.

나이 4~6세
재료 요플레 통, 끈, 옷걸이, 아크릴 물감, 눈알 장식, 스티로폼, 모루, 검은색 솜뭉치, 붓

거미가
줄을 탑니다

"거미가 줄을 타고 내려옵니다." 아이들이 가볍고 재미있게 부를 수 있는 노래죠. 거미를 무서워하면서도 노래는 즐겁게 부르는 아이들과 책을 보면서 거미의 특징에 대해서 이야기하고 거미의 모습을 담아 표현해 볼까요?

1. 옷걸이의 삼각형 부분을 손으로 둥글게 만들어주세요.

2. 끈을 묶어가면서 거미줄을 만들어주세요.

3. 먹고 난 요플레 통을 준비해주세요.

4. 아크릴 물감으로 색을 칠해주세요.

5. 후후 불어가면서 말려주세요.

6. 솜뭉치와 눈알 장식을 붙여주세요.

7. 모루를 붙여서 거미의 다리를 표현해주세요.

8. 거미 완성.

9. 옷걸이로 만든 거미줄에 모루를 살짝 구부려서 걸어주세요.

- 거미를 만들고 아이들과 돌아가면서 다양하게 거미 역할을 맡으며 역할극을 할 수 있어요.
- 옷걸이를 활용해서 만들었기 때문에 걸어서 장식하는 것도 가능하답니다.

나이 4~6세
재료 장난감 자동차 밑판, 우유갑, 클레이, 글루건, 가위

부릉부릉
자동차

부릉부릉 자동차는 아이들 모두가 너무나 좋아하는 장난감이죠? 다 같은 자동차인데도 캐릭터마다 다르고 디자인도 살짝 다른데 그렇다고 다 사줄 순 없잖아요. 아이들이 원하는 장난감을 사주기보다 같이 만들어보세요.

1. 장난감 자동차의 밑판을 준비해주세요.

2. 우유갑을 씻은 후 말려서 준비해주세요.

3. 우유갑을 반으로 잘라주세요.

4. 반으로 자르고 또 반으로 잘라서 서로 포개지도록 해주세요.

5. 자동차 밑판 위에 포갠 우유갑을 글루건으로 고정해주세요.

6. 클레이로 우유갑 위를 덮어주세요.

7. 클레이로 꾸미고 싶은 자동차를 꾸며주세요.

8. 부릉부릉 자동차 완성.

- 클레이로 자동차를 만들기 전에 아이들이 클레이 재료와 친해질 수 있도록 다양하게 이것저것 작품을 만들어보세요.

나이 3~6세
재료 우유갑, 플라스틱 용기, 구슬, 깊은 통, 테이프, 가위, 미역(또는 멸치, 부레옥잠, 조개 껍데기 등)

잠수경으로
바다 보물 찾기

저는 아이들과 미역을 가지고 촉감놀이를 많이 해요. 미끌거리는 느낌을 느껴보는 것도 좋고 다른 놀이로 활용을 해 보면 더더욱 좋아요. 미역, 멸치 같은 재료들 사이사이로 물속에서 찾기 힘들게 숨겨놓은 구슬을 잠수경을 통해서 보고 찾아보는 스릴감을 느껴보세요.

1. 우유갑과 플라스틱 용기를 준비해주세요.
2. 우유갑 위아래를 자르고 플라스틱 용기도 잘라주세요.
3. 자른 플라스틱 용기를 우유갑 위에 붙여주세요.

4. 물이 들어가지 않도록 테이프로 감싸주세요.
5. 조개 껍데기, 미역 등을 준비해주세요.
6. 깊은 통에 물을 채우고 아이들의 바다를 꾸며주세요.

7. 구슬을 살짝 넣어주세요.
8. 예쁜 바다가 완성됐죠?
9. 잠수경을 이용해서 구슬을 찾아볼까요?

- 투명한 플라스틱 용기를 밑판으로 붙여놓으니 선명하게 잘 보인답니다.
- 아이들과 서로서로 찾아야 할 구슬 개수를 정해서 찾아보는 방법도 좋아요.

나이 3~6세
재료 박스, 네모난 모루, 포장지, 찍찍이, 빨대, 테이프, 가위, 캐릭터 포장지, 철심

캐릭터 캐리어가방

아이들은 장난감 카트를 끌고 다니는 것을 좋아하죠. 아이들이 가지고 싶어 하는 것을 사주기보다 먼저 만들기를 시도해 보는 것이 좋아요. 아이들이 좋아하는 캐릭터 포장지는 쉽게 구할 수 있어요. 아이들이 원하는 캐릭터로 꾸며주면 더욱 매력 있는 캐릭터 캐리어가방이 탄생한답니다.

네모난 모루를 준비해주세요.

포장지로 박스를 포장합니다.

입구 쪽에 찍찍이를 붙입니다.

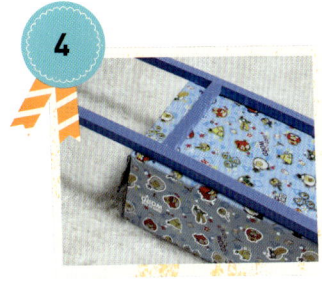
네모난 모루로 박스 뒤쪽에 손잡이가 될 틀을 꾸며주세요.

고정 철심을 박스 바닥 크기로 맞춰주세요.

굵은 빨대를 박스 밑쪽에 붙여주세요.

고정 철심을 빨대 사이로 넣어주세요.

바퀴를 끼워주세요.

캐리어가방이 완성됐으니 여행을 떠나볼까요?

- 철심이 크면 잘라서 맞춰주면 된답니다.
- 캐리어가방을 가지고 집에서 아이들과 소풍을 가는 상황을 연출해 보고 아이들이 챙기는 소품을 보면서 좋아하는 것이 무엇인지 알아볼까요?

나이 4~7세
재료 일회용 커피 잔, 뚜껑, 쿠킹 호일, 휴지심지, 셀로판지, 글루건, 가위, 칼

알록달록 망원경

아이들은 망원경 또는 색종이나 신문지를 돌돌 말아서 그 속으로 사물들을 보는 것을 너무 좋아하죠. 재미있는 놀이도 될 수 있고, 원하는 색으로 바꿔가면서 망원경처럼 보는 것도 좋답니다. 특히 어릴 때 일부러 안경을 쓰고 싶어 하는 아이들이 있어요. 그럴 때 안경 대신 망원경을 만들어서 같이 놀아주면 좋아요.

1. 같은 일회용 커피 잔의 뚜껑을 여러 개 모아주세요.

2. 커피 잔 아래쪽에 칼로 구멍을 뚫어주세요.

3. 호일로 감싸주세요.

4. 호일이 거칠게 일어나지 않게 안쪽으로 감싸주세요.

5. 휴지심지를 잘라서 호일로 감 싸주세요.

6. 글루건으로 휴지심지를 커피 잔 2개에 연결하세요.

7. 셀로판지를 준비해주세요.

8. 아이들이 원하는 셀로판지 색을 뚜껑에 붙여주세요.

9. 망원경 완성.

- 아이들과 다양하게 여러 색으로 바꿔가면서 즐겨보세요. 세상이 알록달록하게 보인답니다.
- 같은 회사 제품의 뚜껑을 여러 개 모아서 만들어주세요. 서로 다른 크기의 뚜껑으로 만들면 뚜껑이 망원경 틀에 맞지 않을 수도 있어요.

나이 3~4세
재료 한지, 밀가루 풀, 가위, 빈 통

한지그릇 만들기

아이들은 전통적인 우리의 것을 모르고 자라기 쉽잖아요. 아이들에게 우리 것에 대한 소중함을 조금이나마 가르쳐주고 싶다는 생각이 들어서 한지그릇을 만들어봤어요. 부족하지만 만들면서 한지의 촉감도 느끼고, 그릇을 만드는 즐거움도 느꼈답니다.

1. 한지를 준비해주세요.

2. 한지를 손으로 쭉 뜯어보세요. 가위로 잘라도 좋아요.

3. 아이들이 마구마구 잘라놓은 한지를 모아주세요.

4. 그릇처럼 움푹 파인 빈 통을 준비해주세요.

5. 밀가루 풀을 만들어서 한김 식혀주세요.

6. 밀가루 풀로 한지를 펴서 발라주세요.

7. 그늘에서 말려주세요.

8. 한지그릇 완성.

- 아이들과 전통 한지 그림에 대한 다양한 책이나 이미지를 찾아서 함께 보여주면 더욱 좋아요.

나이 3~6세
재료 허니컴종이, 박스종이, 풀, 끈, 종이컵, 물감, 붓, 가위

열기구 타고
날아가 볼까

정말 예쁜 허니컴종이는 시중에서 쉽게 구할 수 있어요. 어릴 때 많이 본 종이인데 무궁무진하게 활용할 수 있더라고요. 입체 모형으로 만들기를 할 수 있어서 색종이보다 좀 더 생동감 있고 예쁘게 표현할 수도 있답니다.

1. 허니컴종이를 준비해주세요.

2. 반달 모양으로 잘라서 위아래에 박스종이를 붙여주세요.

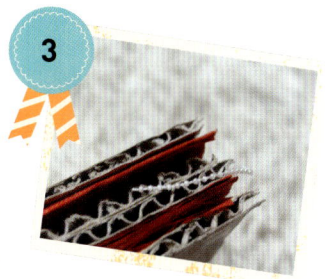

3. 박스종이-허니컴종이-박스종이-허니컴종이 순으로 붙여주세요.

4. 박스종이끼리 맞닿도록 동그랗게 돌려서 붙여주세요.

5. 종이컵을 반으로 잘라서 물감을 칠해주세요.

6. 끈을 양쪽에 달아주세요.

7. 허니컴종이 위에 끈 하나를 달고 연결고리를 만들어주세요.

8. 열기구 완성.

- 아이들 방에 예쁘게 장식해도 좋답니다. 아이들과 열기구를 타고 어디를 가고 싶은지, 여행은 어디로 떠나고 싶은지 이야기를 나눠보세요. 놀이도 하고 아이의 마음도 엿볼 수 있답니다.

나이   4~6세
재료   옷걸이, 요플레 통, 아크릴 물감, 붓, 방울, 끈, 레이스, 펜치

딸랑딸랑
현관 종 만들기

집에 문을 열고 들어올 때 종이 있으면 딸랑딸랑 소리가 나죠. 일부러 종을 사서 달기도 했는데, 직접 아이들과 만들고 꾸민 현관 종 소리가 들리면 기분이 더 좋지 않을까요? 버릴 만한 재료들이지만 아이들과 요플레를 먹고 나서 활용하면 다양한 모습으로 변신이 가능해요.

1. 펜치로 옷걸이의 손잡이 주변만 남기고 잘라주세요.

2. 요플레 통 밑에 구멍을 뚫어주세요.

3. 옷걸이 손잡이 부분을 구멍에 넣어주세요.

4. 위쪽을 동그랗게 말아주세요.

5. 요플레 통에 물감을 칠해요.

6. 붓으로 톡톡톡 치면서 눈이 내린 그림을 그려주면 예뻐요.

7. 레이스나 끈으로 꾸며주세요.

8. 종이컵 안쪽의 옷걸이 손잡이에 끈으로 방울을 달아주세요.

9. 현관 종 완성.

- 끈에 방울을 연결하면서 실 꿰기를 해 보세요.
- 종이 완성되면 아이들과 어디에 장식하고 싶은지 이야기를 나눠보세요.

나이 4~6세
재료 샤워망, 테이프, 끈, 풍선, 모루

협동 그물공 튕기기

신체활동을 신나게 해 볼까요? 아이들은 활동량이 많은 시기라 놀아줘야 하는데 어떻게 놀아줘야 할지 고민될 때는 집에서 그물망을 만들어서 혼자서 튕겨보거나, 아이들끼리 협동해서 같이 놀 수 있게 해주세요.

1. 샤워망을 준비해주세요.

2. 샤워망 올이 자주 풀리면 만들기에 활용하기 좋아요.

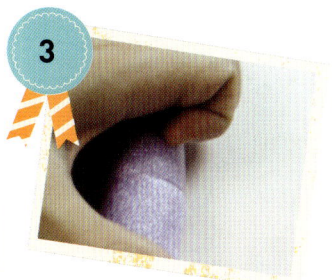

3. 모루를 둥글게 만들어서 테이프로 붙여주세요.

4. 샤워망으로 모루를 감싸준 후 돌돌돌 말아주세요.

5. 샤워망을 묶어주세요.

6. 풍선을 불어주세요.

7. 협동 그물공 튕기기 완성.

- 혼자서 튕겨보게 해 보고, 같이 튕겨보게도 해주세요. 혼자 할 때와는 달리 둘이 할 때는 협동심이 필요하다는 걸 알게 되죠.

나이 6~7세
재료 매트, 쿠션, 숟가락, 지우개, 종이컵, 대추

생활 속 과학
지렛대 원리

시소를 타거나 널뛰기를 하는 것처럼 아이들과 중심을 잡고서 원리를 알 수 있도록 과학과 연계하여 알려주면 좋아요! 아이들이 직접 실험하고 느껴보면서 어려운 원리를 척척 이해하게 된답니다.

재료를 준비해주세요.

지우개 위에 숟가락을 올려주세요.

숟가락 위에 대추를 올립니다.

종이컵을 위치에 맞게 놓아주세요.

숟가락 끝을 튕겨볼까요.

대추가 날아가면서 종이컵에 들어갈 수 있도록 지우개로 초점을 맞춰주세요.

매트 아래에 쿠션을 놓고 널뛰기를 하며 지렛대 원리를 보여주세요.

받침점의 위치를 옮기면서 아이 스스로 조절해 보도록 유도해주세요.

- 지레를 살펴보면 받침점에서 힘점까지의 거리가 받침점에서 작용점까지의 거리보다 멀수록 힘이 적게 든답니다. 힘을 주는 부분을 힘점, 받치는 부분을 받침점, 물체에 힘이 작용하는 부분을 작용점이라고 부르는데 이게 지레의 3요소죠. 아이들과 받침점을 옮겨보면서 실험해 보아요.

나이 4~6세
재료 빈 통, 펠트지, 고무줄, 글루건, 인형

엄마 캥거루가 되어보자

캥거루는 참 사랑스럽죠. 주머니에 아기 캥거루를 꼭 넣고 다니는 모습이 아이들 눈에도 사랑스럽게 느껴지나 봐요. 캥거루 책을 보면서 서로 대화도 나누어보고, 아이들이 엄마 캥거루가 되어서 주머니 속에 몇 마리의 아기 캥거루를 담을 수 있는지 묻고 답하며 놀아보세요.

빈 통을 준비해주세요.

글루건으로 펠트지를 고정해서 붙여주세요.

고무줄로 균형을 잡을 수 있게 위치를 설정해주세요.

빈 통에 고무줄을 조금 여유를 두고 묶어주세요.

고무줄에 다리를 넣어서 허리에 감싸줄 수 있도록 조정해주세요.

간격을 설정해서 아이들이 인형을 던지고 놀 수 있도록 해주세요.

- 아이가 4세 전이라면 인형을 손으로 잡아서 통에 넣어주세요. 5세 이후라면 통에 인형이 들어가도록 요리조리 움직여가면서 받아보세요. 다양하게 활용이 가능하답니다.
- 고무줄을 넉넉하게 묶어주면 아이들이 스스로 착용할 수 있답니다.

나이 4~7세
재료 요플레 통, 물감, 눈알 장식, 검은콩, 글루건, 붓

꿀꿀 돼지인형 만들기

아이들은 동물을 참 좋아해요. 다양한 동물인형들이 많지만 사주는 것보다 엄마가 만들어준 동물인형들을 더 사랑한답니다. 스스로 인형을 만들며 자신감도 키워주고 동물들과 더 친숙해지는 시간을 가져볼까요?

요플레 통을 준비해주세요.

비닐을 벗겨주세요.

비닐 벗긴 통을 준비해주세요.

물감으로 색을 칠해주세요.

그늘에서 말려주세요.

글루건으로 요플레 통을 붙여주세요.

돼지의 특징을 살려서 꾸며주세요.(눈, 귀, 코, 꼬리 등)

꿀꿀 돼지 완성!

• 아이들과 꿀꿀 흉내를 내면서 돼지놀이도 하고 동물농장놀이를 즐겨보세요.

나이 4~7세
재료 빨대, 목공용 풀, 가위, 종이, 펜, 실

빨대로 만드는 모빌

아이들이 음료 마실 때만 빨대를 쓸까요? 매일 쓰는 빨대도 아이들의 놀이 재료가 될 수 있답니다. 모빌은 아이들이 신생아 시절 처음 접했던 장난감이라고 할 수 있죠. 흑백모빌에서 색색모빌로 아이들에게 시각적으로 자극을 주는데요, 아이들의 모빌을 생각하면서 빨대로 만들기를 해 보세요.

빨대를 준비해주세요.

빨대를 가위로 잘라주세요.

종이 위에 만들고 싶은 도형을 그려주세요.

그린 도형 위에 빨대로 간격을 맞춰서 틀을 잡아주세요.

목공용 풀로 하나씩 세워서 붙여주세요.

실로 윗부분에 빨대를 통과해서 연결해주세요.

모빌을 달고 보니 포도가 생각나서 잎을 달았어요.

- 모빌을 천장에 달고 손으로 흔들어 보기도 하고, 포도를 만들었으면 포도를 따먹는 행동도 해 보면서 놀아주세요!